# L'angelo sexterminatore

### John Danen

Published by John Danen, 2024.

While every precaution has been taken in the preparation of this book, the publisher assumes no responsibility for errors or omissions, or for damages resulting from the use of the information contained herein.

L'ANGELO SEXTERMINATORE

**First edition. November 20, 2024.**

Copyright © 2024 John Danen.

ISBN: 979-8230385172

Written by John Danen.

# Sommario

- Introduzione. ..................................................................................... 1
- L'angelo sterminatore. ...................................................................... 2
- L'angelo sex-terminatore. ................................................................. 3
- Essere al di sopra della seduzione. .................................................... 6
- L'angelo e l'uomo sexterminatore. .................................................... 7
- Revisione finale dei livelli e delle loro conseguenze .......................... 8
- Un po' di cultura. ............................................................................ 19
- La seduzione nel romanzo "Los gozos y las sombras". .................... 21
- La seduzione nel romanzo "Fortunata e Giacinta". ......................... 25
- La seduzione nel romanzo "Cañas y barro". .................................... 30
- Il grande reset. ................................................................................ 34
- Divertitevi. ...................................................................................... 35
- Produzione. .................................................................................... 38
- Rilascio. .......................................................................................... 46
- Io sono John Danen, il sexductore, l'ex angelo sexterminatore. ..... 48
- Ipergamia. ....................................................................................... 52
- La fenice. ........................................................................................ 57
- Hermes Gasparini. .......................................................................... 58
- Gioco truccato. ............................................................................... 60
- Siate allegri e divertenti. ................................................................. 61
- Gli ultimi uomini che seducono alla fine dei giorni, ancora una volta. ............................................................................................... 63

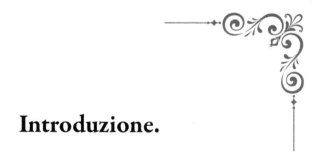

# Introduzione.

Questo non è nemmeno un libro per insegnare la seduzione, tutto ciò che è stato lasciato alle spalle. Questo libro è il libro dove il bene e il male si incontrano. In questo libro vi racconterò cos'è un angelo sterminatore di sesso e quali sono le sue motivazioni. Vi parlerò anche delle difficoltà di rimorchiare ragazze di classe sociale superiore, della gioia e del divertimento, decodificherò romanzi e personaggi e li spiegherò dal punto di vista del seduttore, parlerò di ciò che è la produzione. Molte cose che completano quanto scritto nelle precedenti e che vi daranno maggiori conoscenze per combattere e vincere nel gioco dell'amore.

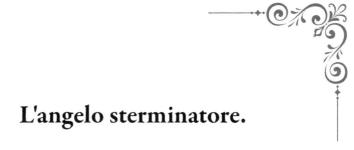

# L'angelo sterminatore.

Questa storia degli angeli sterminatori mi ha incuriosito parecchio. Nei film sono apparsi angeli come Gabriele, che entra in un bar spaccandogli la testa mentre suonano trombe apocalittiche, e la verità è che lo trovo un argomento affascinante. Questo angelo ha più potere di qualsiasi demone e, sebbene i suoi atti siano di grande ferocia, compie la volontà divina, che a volte è quella di sterminare un intero popolo o l'intera razza umana.

Da un lato è un essere di pace e amore, dall'altro è uno sterminatore genocida. L'angelo sterminatore non ha pietà per i malvagi.

L'angelo sterminatore è un messaggero di Dio che dispensa giustizia, dona il regno dei cieli ai buoni e stermina i peccatori con una spada fiammeggiante.

Questa figura mi ha ispirato molto e voglio farne il tema centrale di questo libro. Dobbiamo essere questo, sterminare gli angeli che danno il paradiso o l'inferno come lo meritano.

L'angelo sterminatore è un essere di luce che, con saggezza, dà ciò che è necessario a ogni persona con cui interagisce.

## L'angelo sex-terminatore.

L'angelo sexterminatore è un uomo giusto. È colui che vuole fare del bene, colui che è stanco di soffrire e far soffrire. È un uomo stanco di essere normale, è un uomo stanco di essere calpestato. È anche stanco di essere calpestato e di essere cattivo. È una persona che vuole che questo mondo sia migliore. A tal fine, premia il bene e punisce il male. È uno che si batte per equilibrare le cose. È una persona con molto potere ed esperienza, che ha vissuto tutto e vuole aiutare gli altri. È un uomo che ha voglia di vivere e di divertirsi. È una persona magnifica che dona gioia e felicità a tutti, e solo nel caso in cui percepisca l'intenzione di abusare punirà, per questo diciamo che è un angelo. Ha due lati: il lato positivo e divertente e il lato oscuro, quello della seduzione oscura.

Sì, siamo angeli perché facciamo giustizia, siamo sesso perché facciamo sesso e terminatori perché spesso finiamo solo nel sesso. Facciamo sesso e finiamo, finiamo con la relazione, ma è solo una possibilità, la cosa normale è continuare, possiamo anche finire con la sua autostima se facciamo il male in eccesso e mandiamo davvero a puttane la vita di una brava donna, per questo misuriamo le nostre azioni cercando di evitare il male.

Non imbrogliamo, non facciamo del male alle persone per piacere, ma siamo corrette, diciamo la verità, diciamo che siamo flirtatrici, che siamo scopatrici, che vogliamo divertirci, che non si innamorano di noi, che non vogliamo far loro del male e che non vogliamo che loro facciano del male a noi. Solo se sono davvero stronze con noi, applicheremo le arti oscure, che pure sappiamo fare.

Se dobbiamo mentire per raggiungere i nostri obiettivi, mentiamo, ma molto poco, quanto basta, o mentiamo per un breve periodo di tempo, e sempre con l'obiettivo di evitare la sofferenza degli altri.

Sappiamo che una donna che si innamora di noi non è conveniente, perché si verifica una catena di innamoramenti. Anche gli uomini che le vanno dietro sono danneggiati. Siamo angeli e vogliamo fare del bene, e cerchiamo di farlo, ma siamo anche sterminatori di sesso e se una di loro è cattiva con noi possiamo davvero sterminarla con il nostro enorme potere.

L'angelo sterminatore va in marcia, è gentile ma non stupido, camuffa la sua saggezza, si metamorfizza per essere valido per la ragazza, inganna ma molto poco ed evita il male. Ha un grande potere e lo usa per sedurre e anche per non fare del male, non vuole fare del male.

Quando una donna cattiva ci ha deliberatamente fatto molto male, ci ha ingannato, ci ha usato, ci ha fregato e ha fatto tutto quello che noi evitiamo di fare con lei quando potremmo farlo facilmente, allora e solo allora usiamo la seduzione oscura, nelle dosi necessarie per fregare anche lei, perché la nostra missione è anche quella di sterminare le persone cattive da questo gioco.

Pensando sempre alle conseguenze di ciò che facciamo e se sarà vantaggioso per lei o dannoso. Molte volte è dannoso che lei continui a scoparsi gli uomini, ad abusare di loro e a lasciarli in un fottuto casino con le sue bugie e le sue falsità; ecco perché tagliamo questo cerchio di dolore, perché dietro a quegli uomini scopati da lei ci sono donne che sono anch'esse scopate da questi uomini, perché non prestano loro attenzione e quindi soffrono anch'esse. Quindi ristabiliamo l'equilibrio e fermiamo la **catena del dolore** facendo il male.

Dovremmo farlo solo quando è strettamente necessario, di solito creiamo **una catena di bene** non lasciando che questa donna si innamori di noi. In questo modo la lasciamo in grado di andare con altri, in modo che tutti abbiano la loro parte di torta. Non vogliamo accumulare troppo, vogliamo accumulare solo il necessario, noi abbiamo già accumulato molto, lasciamo che gli altri abbiano la loro possibilità.

Se fossimo dei bastardi totali ci innamoreremmo e faremmo soffrire molte donne, e si verificherebbe questa catena di dolore. Ma noi non vogliamo questo, vogliamo essere la loro gioia. Diamo gioia ma siamo anche qualcuno che sanno che non ricambieranno, e molte di loro almeno si disinnamoreranno e potranno andare al gioco, e grazie a questo anche altri bravi ragazzi si divertiranno.

L'angelo è al di sopra dell'avere troppe o troppo poche donne, ne ha già molte e fa quello che deve fare. Ristabilisce l'equilibrio, prende solo ciò che è necessario, in modo che tutti gli uomini e le donne traggano beneficio dalla loro interazione.

Io sono l'**Angelo che termina il sesso**, il distruttore, il flagello del male, l'essere della luce e il seduttore dell'Oscurità, colui che equilibra il sistema.

# Essere al di sopra della seduzione.

Quando avete fatto tutto, avete raggiunto tutti i vostri obiettivi, avete punito, perdonato, siete stati buoni e cattivi, alla fine la vostra missione è portare la vostra enorme esperienza a beneficio degli altri. Siete un essere di luce che porta gioia e felicità. Attraverso la pratica della seduzione trascendete la seduzione stessa e diventate una sorta di inviato celeste che dà loro ciò di cui hanno bisogno. Se lei è stata messa al vostro fianco, è perché lo ha voluto l'alto e voi dovete compiere la vostra missione.

Che ragazza è? Di cosa ha bisogno? Cosa potete portarle? Sì, dovete essere gentili perché la vita punisce già da sola, la vostra funzione punitiva sarà richiesta solo in rare occasioni in cui siete l'angelo esecutore che guida la spada di fuoco, ma normalmente non è necessario svolgere questa funzione. Così, dopo decenni e decenni, non vi dedicate più a sedurre perché lo fate già automaticamente senza farci caso, ma vi dedicate a valutare se quella ragazza è degna dei doni che potreste farle e, se lo è, a pensare a ciò di cui ha bisogno e che potete darle. Pensate anche a livello della società in generale, se quello che state facendo è buono o cattivo per l'insieme. Di solito è bene predare, realizzare la vostra produzione, rendere i suoi pretendenti senza speranza, imporre la vostra tirannia. È meglio per voi e per l'insieme.

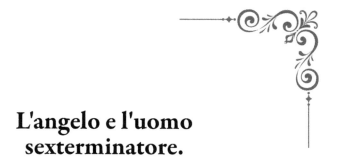

## L'angelo e l'uomo sexterminatore.

Gli uomini che cercano di competere con voi devono imparare le lezioni, voi siete il loro maestro, un maestro supremo che dà loro la terribile punizione per la loro inettitudine. Gli uomini sono istruiti da te, tu fai del bene. Li mettete fuori gioco, lasciate che ne trovino un altro! Tu fai incetta. Tu indichi la strada, li riporti alla cruda realtà. Li sterminate.

Non vi limitate a sedurre chi non vi interessa, ma travolgete, massacrate e sterminate ogni persona inadatta che vi attraversa. Non lo fate perché siete malvagi, al contrario, siete gentili e date loro ciò che meritano, lo sterminio. O imparano la strada o devono soccombere. Siete qualcuno che li aiuta a vedere le cose con chiarezza, dovrebbero essere grati che li esegue. Alcuni lo supereranno e miglioreranno. Voi liberate il campo di gioco. Li amate perché anche voi eravate così agli inizi, quindi li annientate. Hanno bisogno di essere annientati per migliorare. Crei il dolore, ma **spezzi il cerchio del dolore**. Li indurisci, le donne li vedranno più attraenti dopo il tuo contributo. E così, accaparrandosi, facendo il prepotente, l'irriverente, lo sfidante, il vanaglorioso e lo spietato, si fa un gran bene sotto l'apparenza di un gran male.

# Revisione finale dei livelli e delle loro conseguenze.

La chiave per capire cosa sia un angelo sex-terminator sono i livelli, quindi analizzando ciascuno di essi capiremo come raggiungere questo livello dieci. Il livello dell'angelo sterminatore di sesso.

**Primo livello. Orsacchiotti.**

Gli orsacchiotti sono il livello più basso che esista. Sono il tipico amico che rimane nella friendzone per sempre. Ascoltano ogni loro esigenza, li consolano. Li vedono come uomini senza cazzo, come esseri asessuati e non avranno mai nulla di amorevole o sessuale con loro.

Lo fanno. È chiaro che fanno del bene, un **bene infinito** che dà pace e amore incondizionato.

Ricevono. Il male, il male più assoluto. Vengono ripagati con **enorme sadismo** per il grande bene che hanno fatto. Sono **puniti a morte**.

Lo fanno. Con loro fanno il male, **un male terribile e sadico**. E non si sentono nemmeno in colpa.

Ricevono. Sono potenziate al massimo, si **valutano come dee** grazie a tutta l'adulazione che ricevono.

La società. La società è **infinitamente danneggiata dalle** azioni di questi orsacchiotti, perché finiscono per **suicidarsi o per finire in istituti psichiatrici**. Quello che fanno **alza enormemente** il prezzo di mercato, alza enormemente le esigenze delle donne, perché sono molto apprezzate e quindi ne limiteranno l'accesso. Questo renderà **difficile** per loro rimorchiare altri uomini, perché a volte vogliono che tutti soddisfino i ridicoli requisiti che questi sicofanti soddisfano.

**Secondo livello. Gli sciocchi.**
Gli sciocchi si innamorano, gli sciocchi sono teneri, gli sciocchi vivono di illusioni. Una caratteristica importante degli sciocchi è che raccontano a tutti i loro progetti d'amore. Progetti che non si realizzano mai. Si rendono ridicoli dando un'immagine di disperazione ai loro amici.

Lo fanno. Bene, fanno del bene, chiaramente un **bene enorme** che dà pace e amore incondizionato. Un bene solo leggermente meno grande dei precedenti.

Ricevono. Male, sono ripagati con **sadismo** e puniti **severamente**.

Lo fanno. Con loro fanno il male, un male **terribile e sadico**. A loro importa quanto agli altri, il nulla.

Ricevono. Hanno un potere quasi massimo, si **considerano superiori grazie** a tutta l'adulazione che ricevono.

La società. La società è **enormemente danneggiata dalle** azioni di questi pazzi, poiché finiscono per avere **problemi mentali molto gravi** e aumentano di molto il prezzo di mercato. I requisiti richiesti alle donne sono **molto** più alti di prima, sono molto più apprezzate e quindi limiteranno il loro accesso, rendendo difficile per loro rimorchiare altri uomini.

**Livello 3. I mezzi toni.**
Le mezze calzette sono gli amici intelligenti degli sciocchi, da cui si differenziano perché, pur provenendo dal mondo degli sciocchi, hanno più successo con le donne perché sono meno molli e sono un po' più bravi a sedurre.

Lo fanno. Il bene, fanno bene, chiaramente un bene molto grande. Un bene solo **un po' meno grande** dei precedenti.

Ricevono. Male, vengono ripagati **in modo piuttosto sadico** e **puniti duramente**.

Lo fanno. Con loro fanno del male, un male **terribile e sadico**. Non gliene frega niente di loro

Ricevono. Diventano molto potenti, si valorizzano **molto grazie** a tutta l'adulazione che ricevono.

La società. La società è **seriamente danneggiata dalle** azioni di questi stupidi, che finiscono per avere **seri problemi mentali** e aumentano di **molto** il prezzo di mercato. I requisiti richiesti alle donne sono **maggiori** rispetto al passato, sono **molto più apprezzate** e quindi limiteranno il loro accesso, rendendo difficile per loro rimorchiare altri uomini. La difficoltà dei primi tre gruppi di rimorchiare è simile, in quanto le donne si rendono conto che non possono pretendere dalle persone normali le cose folli che fanno per loro.

**Livello 4. Quelli normali.**

Le persone normali sono proprio così, persone normali, né intelligenti né stupide. Hanno avuto qualche relazione e qualche fidanzata in gioventù e si sono sposate presto. Sono tranquille o semi-silenziose nel loro matrimonio.

Lo fanno. Bene, fanno bene, un gran bene. Un bene solo **un po' meno grande** di quello dei precedenti.

Ricevono. Male, vengono ripagati con **un po' di sadismo** e **puniti parecchio**.

Lo fanno. Con loro fanno del male, un male **moderato**. Si preoccupano poco di loro.

Ricevono. Sono molto responsabilizzati, si valutano **molto di più grazie all'**alta valutazione che ricevono.

Società. La società è **piuttosto danneggiata dalle** azioni di questi normodotati, poiché finiscono per avere **problemi mentali** e aumentano **un po'** il prezzo di mercato. I requisiti posti alle donne sono **un po' più alti** di prima, sono **più apprezzate** e quindi limiteranno il loro accesso, il che causerà difficoltà nel flirtare con altri uomini.

**Livello 5. Le bretelle. O i flirt.**

I flirt sono ragazzi molto arzilli, che riescono a sedurre un bel po' di ragazze e che hanno i loro bei momenti, soprattutto in gioventù. Alcuni di loro ci mettono un po' a sposarsi, quindi hanno un po' di curriculum.

## L'ANGELO SEXTERMINATORE 11

Sono meno morbidi, il loro problema è che non mantengono la loro dedizione nel tempo.

Lo fanno. Fanno del bene, un bene moderato. Un bene che raramente si trasforma in male.

Ricevono. Male, vengono ripagati con l'**usura** e **puniti un po'**.

Lo fanno. Con loro fanno del male, un **piccolo** male. Si preoccupano solo un po' di loro.

Ricevono. Si sentono responsabilizzati, si valorizzano di **più grazie alla** valutazione che ricevono.

Società. La società è in qualche modo **danneggiata dalle** azioni di questi flirtatori, poiché potrebbero finire per avere **problemi mentali** e aumentare il prezzo di mercato. I requisiti richiesti alle donne sono **gli stessi** di prima, sono **apprezzate come prima** e quindi non limiteranno il loro accesso, non faranno sì che gli altri uomini peggiorino le loro difficoltà nel flirtare.

**Livello 6. I seduttori.**

I seduttori sono chiaramente già di alto livello. Sono ragazzi che si dedicano alla seduzione e che si percepiscono come diversi dagli altri. La loro carriera persiste e anche se hanno delle flessioni dovute a fidanzamenti, persino matrimoni, riemergono e si ripresentano sul mercato, dove si trovano più a loro agio. Sono seduttori di alto livello, ma non altissimo.

Lo fanno. Bene e male, fanno un po' di bene e a volte un po' di male.

Ricevono. Male, sono pagati **poco** e **puniti di tanto in tanto** se si allentano nella malvagità.

Lo fanno. Con loro fanno del male, un male **occasionale**. Si preoccupano molto se fanno il male e poco se fanno il bene.

Ricevono. Rimangono come erano, vengono valutati **come prima** e a volte il loro valore si riduce.

Società. La società rimane invariata dalle prestazioni di questi seduttori, finiscono bene e il prezzo di mercato rimane stabile. I requisiti richiesti alle donne sono leggermente **più bassi** rispetto a prima, il loro

**valore è altrettanto alto, con una tendenza al ribasso,** e quindi faciliteranno il loro accesso, il che renderà più facile per gli altri uomini rimorchiarle.

**Livello 7. I sessuati.**

I Sexeducer combinano la seduzione con il sesso e molte ragazze che rimorchiano le ragazze, le scopano. Sono molto sessuali. Si percepiscono come il massimo, il predatore, il maschio alfa. Sono consapevoli dell'enorme potere che hanno, di gran lunga superiore a tutti gli altri. Hanno un curriculum che è più di 10 volte quello di un ragazzo normale, essendo in grado di far legare centinaia di ragazze e, in alcuni casi estremi, anche centinaia di ragazze scopate.

Lo fanno. Male, fanno poco male e a volte molto poco bene.

Ricevono. Bene, sono **molto** pagati e **molto premiati** se si spremono nel male.

Lo fanno. Fanno del bene con loro, un bene **frequente**. Si preoccupano molto se fanno del male e molto se fanno del bene.

Ricevono. Abbassano il loro valore, sono valutati **meno di prima** e a volte molto meno.

Società. La società trae vantaggio dalle prestazioni di queste lavoratrici del sesso, che finiscono per diventare grandi e il prezzo di mercato a volte scende molto. I requisiti richiesti alle donne sono **molto più bassi** di prima, sono **meno apprezzate di prima con una tendenza a un forte calo** e quindi faciliteranno il loro accesso, il che renderà molto più facile per altri uomini rimorchiarle. Si sentiranno meno importanti, più umili, diventeranno più gentili. Alla fine saranno toccate e allora altri potranno stare con loro, anche se loro stesse sanno che i successivi non saranno all'altezza dei produttori di sesso e si sentiranno un po' tristi per questo.

**Livello 8. Gli schiavisti.**

Gli schiavisti prelevano le ragazze con il loro potere sessuale, le portano nel mondo del sadomaso e ne fanno delle schiave sessuali.

Fanno. Fanno il male, il grande male e a volte il piccolo male.

Ricevono. I bravi, vengono pagati **molto** e **ricompensati enormemente**.

Lo fanno. Fanno del bene con loro, un bene **regolare e molto grande**. Si preoccupano molto per loro.

Ricevono. Il loro valore diminuisce enormemente, sono valutati **molto meno di prima** e a volte sono valutati pochissimo e l'asservitore fa di loro quasi tutto quello che vuole.

Società. La società beneficia molto delle azioni degli schiavisti, che finiscono per fare molto bene e il prezzo di mercato si abbassa molto. I requisiti richiesti alle donne sono **molto più bassi** di prima, sono molto **meno apprezzate di prima, con una tendenza all'umiltà,** e quindi avranno un accesso molto più facile a loro, questo renderà molto più facile per altri uomini rimorchiarle. Si sentiranno molto meno importanti, più umili, diventeranno molto più gentili. Nel profondo saranno molto toccate e allora altri potranno stare con loro, anche se loro stessi sapranno che i prossimi non saranno allo stesso livello degli schiavisti e si sentiranno molto tristi per questo.

**Livello 9. Gli Oscuri Seduttori.**

I seduttori oscuri attirano le ragazze con il loro potere, le fanno entrare nel mondo del sadomaso, le rendono schiave sessuali e le puniscono duramente per ogni abuso che una ragazza compie. Puniscono fisicamente con il sadomasochismo e mentalmente con azioni oscure. Cercano di evitare il male perché sono consapevoli del loro potere, ma se una ragazza, a causa del suo cattivo comportamento, merita le azioni oscure, ecco che l'Oscuro sarà felice di punire e godere della punizione che dà.

Fanno. Il male assoluto, fanno un male immenso e a volte enorme.

Ricevono. Il bene, sono pagati **enormemente** e **premiati ai massimi livelli**.

Lo fanno. Fanno del bene con loro, un bene **enorme**. Si preoccupano molto per loro. A volte soffrono terribilmente.

Ricevono. Abbassano il loro valore al massimo, sono valutate **molto meno di prima** e molto spesso non sono valutate affatto e sono giocattoli nelle mani del seduttore oscuro.

Società. La società è super avvantaggiata dalle prestazioni dei seduttori oscuri, che finiscono alla grande e il prezzo di mercato si abbassa molto. Riequilibrano il mercato. I requisiti richiesti alle donne sono **molto più bassi** di prima, sono molto **meno apprezzate di prima con una tendenza alla gentilezza e quindi** faciliteranno il loro accesso, questo renderà molto più facile per altri uomini rimorchiarle. Si sentiranno molto meno importanti, più umili, alcune diventeranno addirittura buone. Alla fine saranno molto toccate, e più tardi altri potranno stare con loro, ma loro stesse sapranno che i successivi non saranno all'altezza del seduttore oscuro né molto lontani, e si sentiranno super tristi per questo finché non gli passerà con il tempo. Se lo farà.

**Livello 10. Angeli sexterminatore.**

Gli angeli terminali del sesso sono persone che hanno già fatto tutto, che hanno già compiuto tutto, che sono già stati tutto prima, che si sono stancati di fare il male e, dopo aver fatto tanto male, sono tornati buoni. Hanno chiuso il cerchio, sono morti, sono rinati, hanno attraversato crisi in cui sembrava che la loro vita di seduttori fosse completamente finita e sono tornati a vivere. Per vivere un'altra vita quando pensavano che fosse tutto finito. Sono come la fenice che risorge dalle proprie ceneri. In passato sono stati teneri, stupidi, intelligenti, più furbi, più intelligenti, bastardi, più bastardi, cattivi, molto cattivi, schiavisti, hanno fatto i loro massacri, le loro produzioni mostruose, le loro azioni oscure, hanno dato le loro terribili punizioni. Hanno fatto tutto questo in diversi cicli, si sono ritirati, ma sono tornati di nuovo in gioco.

Sono persone che sono al di sopra del bene e del male, che non dovrebbero più essere qui, persone il cui tempo dovrebbe essere finito decenni fa, ma che qui sono totalmente in contrasto con tutte le regole del mercato grazie al loro enorme potere. Diventano immortali nel seduzione, e non possono essere cancellati dalla mappa della seduzione dall'età estrema o da qualsiasi altra cosa.

Sono di nuovo in gioco, ma guardano dall'alto, osservano tutti i poveri che si divertono e soffrono. È come se fossero già morti e guardassero tutti fare quello che hanno fatto per tanto tempo. Ma loro sono vivi e continuano a giocare. E giocano molto duramente.

Ma non vogliono più essere buoni e non vogliono più essere cattivi, ora vogliono essere giusti e beneficiare la società in generale con la loro partecipazione. Vogliono anche aiutare gli altri a raggiungere il loro livello quasi divino.

Gli Angeli che terminano il sesso non sono alla ricerca di grandi vincite, di grandi numeri o di grandi malizie, ma semplicemente si divertono a giocare e sono liberi di inseguire i record e di fare i grandi sacrifici che tutto questo richiede.

Questa compiacenza non produce risultati migliori di quelli ottenuti ai livelli precedenti, poiché si impegnano davvero solo quando ne hanno voglia e fanno ciò che sentono di fare, al di sopra di ciò che è giusto o sbagliato.

In realtà **il livello più alto è il Sessuologo**. A quel livello ci si preoccupa della produzione, si vuole produrre, produrre in massa, fare una strage. Da quel livello in poi, che è il livello massimo, si inizia a perdere la testa e si sale di livello a costo di fare cose piuttosto folli.

Così lo schiavista smette di preoccuparsi tanto della produzione e inizia a preoccuparsi di più della **produzione di schiavi**, perché ha già un numero enorme di donne che ha conquistato e sta cercando nuove cose.

Il seduttore oscuro, conoscendo tutto il suo potere e la sua capacità di renderle sottomesse al suo padrone, di schiavizzarle fisicamente e mentalmente, vuole ergersi a giustiziere e invece di dedicarsi alla produzione di massa come il sexductore, si dedica al flirt, ma **con la tendenza a cercare donne cattive da** punire e a cui applicare il suo sadismo, che lo fa anche andare spesso fuori di testa. Pensa di essere colui che equilibra il sistema, colui che facendo il male fa il bene, e ha ragione, ma anche a causa di questa aria di grandezza la sua produzione cala.

Inoltre, l'angelo sterminatore di sesso che pensa di essere al di sopra di tutti, e così è, e che non si preoccupa più di produrre o di punire eccessivamente, ma solo di essere in gioco, va fuori di testa.

Questo è ciò che vi può accadere se continuate a sedurre in massa, che arriverà il giorno in cui uscirete di senno e diventerete una schiavista, o una seduttrice oscura, o un angelo che termina il sesso.

Quello che vi sto dicendo vi accadrà almeno a partire dai 40 anni e forse anche più probabilmente dai 50 anni in poi. In realtà, se volete aumentare la vostra leggenda in termini numerici, non dovreste mai andare oltre il settimo livello, il livello del sessuatore, perché tutti questi livelli superiori sono un po' folli. Vi daranno più potere, sì, un potere di maestria, un potere qualitativo, ma non un potere quantitativo. Il vostro curriculum, la vostra produzione sarà un po' inferiore. Quindi vi consiglio di non andare mai oltre il livello sexducer, in modo da ottenere i numeri più alti.

Non credo che si possa rimanere in sexdrive all'infinito perché è molto faticoso. Per questo la cosa naturale è che ti rendi conto di aver già fatto così tanti numeri che ti viene voglia di fare altre cose, ti viene voglia di schiavizzare, ti viene voglia di punire, oppure che ormai hai perso completamente la testa, pensi di essere l'angelo sterminatore di sesso che è al di sopra di tutto e di tutti, e che non ti preoccupi nemmeno di conquistare, né di sopraffare, ma semplicemente di essere lì come Dio a giudicare tutti gli altri e a sterminare le persone inutili nel processo.

Quindi, anche se avete raggiunto il livello dieci, che io ho raggiunto, vi consiglio di ripartire scendendo di tre livelli e tornando a essere un semplice sexductore. Un sexproducer laborioso e dedito alla produzione, che lavora sodo, dimenticandosi dei livelli successivi, che non fanno altro che rallentare la sua produzione e farlo andare troppo fuori di testa. Quindi, per tornare ad essere potenti, bisogna scendere di livello, rimanere un sexductore e non salire di livello.

## L'ANGELO SEXTERMINATORE

E così, girando intorno al cerchio, si abbassa il livello e si riparte motivati, di nuovo con l'illusione di sommare, con l'illusione di fare stragi, con l'illusione di fare di nuovo grandi quantità ed è lì che si dovrebbe essere. Finché si è in vita si è in lotta. Bisogna essere il più produttivi possibile, produrre e produrre finché non si può più farlo. Poi si sale di livello per riposare un po', e si punisce, si schiavizza, o si è un angelo che termina il sesso, si riposa un po' a quei livelli e si torna ancora e ancora alla produzione di massa e si continua finché si può. E così, morendo e rinascendo più volte, si va verso la morte felici e spensierati.

Io stesso rinuncio a essere un Angelo che termina il sesso e mi considero di nuovo un sexductore. Ho già fatto così tante cose che voglio farne ancora una. Questa è la storia di come si diventa angeli sexterminatore e di come si rinuncia.

Lo fanno. Il bene.

Ricevono. Il bene perché è un livello così alto che anche se fanno del bene non possono essere puniti, e a noi non interessa.

Lo fanno. Fanno del bene e quasi non importa cosa fanno.

Ricevono. Ricevono di nuovo bene.

La società. Ne beneficia perché c'è movimento. L'angelo che termina il sesso fa sesso e abbandona, senza curarsi dell'amore, né del sesso in eccesso, né della produzione, né della punizione. L'angelo si assicura che non le venga fatto del male e se ne va presto. Fa sesso e finisce. Da qui il nome di sex-terminator. Terminatore di sesso ma senza rabbia o vendetta. Le lascia perché non soffrano innamorandosi di un vero vampiro immortale, che vuole essere buono, ma sa quanto è malvagio. Per non farle soffrire troppo e per farle innamorare, le lascia presto. Altre volte non ci si preoccupa di nulla e a volte non si lascia nemmeno una persona con cui si sta bene. Si approfondisce il sesso e ci si gode la vita.

L'Angelo che termina il sesso è sia angelo che demone. Vuole potenziare la parte divina. È un seduttore oscuro stanco del male.

Occasionalmente l'angelo abbassa un po' il suo livello divino e punisce i seduttori dell'Oscurità, ma solo se vede che è un bene per la società in generale. Questo non piace all'angelo, ma lo farà se deve farlo.

Alla fine, l'Angelo si stanca di essere così gentile e tranquillo e sceglie di reincarnarsi di nuovo in un sexducer.

# Un po' di cultura.

Non posso fare a meno di essere rapito dalla vista di qualcosa di perfetto, solido, senza tempo, bellissimo. Quel qualcosa a cui mi riferisco può essere molte cose, un edificio, una statua, un libro. È ora di smettere di essere stupidi, come dicono i messicani, è ora di acquisire un po' di cultura per capire meglio la seduzione e la vita.

Non basta saper sedurre, quello è per i principianti, bisogna saper trattare con le ragazze una volta che le si è agganciate, bisogna conoscere la vita. Per questo guardo agli scrittori antichi che di vita se ne intendevano. Nelle loro opere, a volte centinaia di anni fa, includevano già dei seduttori che si rispecchiavano molto bene nelle loro opere. Impariamo da questi personaggi di fantasia, perché non sono veramente di fantasia, ma sono modellati dal loro autore su uno o più seduttori reali che conosceva. Le persone non possono inventare quasi nulla, nessuno può scrivere di ciò che non conosce, le persone riflettono il loro mondo e la loro vita. E se ci sono seduttori nei romanzi è perché l'autore ne è uno o li conosce perfettamente. Tutto nasce dalla sua esperienza di vita, dall'osservazione delle persone e dalla comprensione dei loro comportamenti. Alcuni dei seduttori presenti nei libri si rispecchiano così bene che non ho dubbi che l'autore conoscesse perfettamente tutte le regole della seduzione, che sapesse tutto e volesse dimostrarlo creando questi personaggi. Ora, a distanza di secoli, un suo pari riconosce il suo pari e apprezza il suo lavoro.

Quindi, secoli prima degli allenatori e delle scuole di seduzione, c'erano scrittori che mostravano la seduzione in tutta la sua ampiezza, la seduzione gentile e anche la seduzione dura, la seduzione oscura.

Posso garantire che questi seduttori sono eccellenti e che è vero che ci comportiamo proprio come nei romanzi. Pensiamo di sapere tutto e di essere i migliori e i più bravi, ma in ogni tempo passato ci sono sempre stati flirtatori, scopatori e grandi maestri, uomini che travestiti sotto le sembianze di uomini a seconda dei tempi erano grandi conoscitori della vita e della seduzione. Commenterò quindi alcuni romanzi che ho letto di recente e li tradurrò nel linguaggio della seduzione. Questi romanzi sono decodificati e interpretati dalla mia testa per estrarne l'essenza in modo che possiate leggerli e capire tutto alla perfezione.

Questi romanzi sono stati codificati da un seduttore e possono essere decodificati e compresi perfettamente solo da un altro seduttore.

I maestri dello spazio-tempo ci parlano attraverso questi romanzi ed è necessario saper vedere oltre l'apparenza e le tante cose accessorie che vi compaiono. Nella loro essenza hanno un insegnamento e ci mostrano qual è la realtà delle cose. Una realtà che è **immutabile** oggi come un secolo o due fa. Dobbiamo pensare al momento spazio-temporale in cui sono stati scritti e capire che le cose non potevano essere dette apertamente come vengono dette ora, ma che dovevano mascherare l'insegnamento con comportamenti corretti, galanteria e buone maniere. L'insegnamento è nascosto dietro molti, molti strati di sdolcinatezza e ridicolaggine dell'epoca. Sono cose che non si devono guardare e che servono a nascondere la verità, cose che si dovevano mettere per essere accettate dalle masse e che si mettevano anche perché quello era il modo di sentire e di esprimersi a quel tempo.

Se vivessero nel XXI secolo sarebbero proprio come noi.

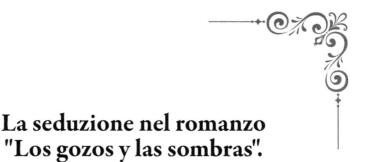

# La seduzione nel romanzo "Los gozos y las sombras".

Ci sono sempre stati due tipi di uomini in amore, i vincitori e i perdenti. Questo si riflette nei romanzi e anche nei film. Questo è sempre accaduto, più bellezza e ricchezza, più donne migliori, soprattutto in passato, quando le donne erano totalmente alla mercé degli uomini e dovevano sposare colui che era un buon partito, cioè colui che poteva mantenerle. Anche se non piaceva, anche se c'erano altri più belli e attraenti, la proprietà, la posizione sociale e la ricchezza erano il fattore più importante e decisivo per loro. Questo si riflette nel romanzo di Torrente Ballester "Los gozos y las sombras",

Questo romanzo è ambientato in Galizia negli anni Trenta. Don Cayetano, il boss del paese, fa e disfa a suo piacimento e si gode tutte le donne del paese, anche le mogli dei suoi amici del bar. Quest'uomo si vantava di essere andato a letto con tutte le belle ragazze del paese e nessuno poteva portargliene via nessuna. In "Los gozos y las sombras" si può notare che in questo periodo degli anni Trenta, nella Spagna pre-franchista, c'erano vincitori e vinti molto chiari. Il 99% era costituito da perdenti che si accontentavano di avere una donna, qualsiasi donna, o meglio quella che potevano mantenere con il loro livello di reddito.

Quando uno ha tutti i soldi e dà lavoro a tutto il villaggio, tutte le donne sono in debito con lui, perché colloca i loro mariti e dà loro lavoro. Se quest'uomo vuole andare in una qualsiasi casa per riscuotere in natura il favore di far lavorare quella famiglia, va e lo riscuote, nessuno contesta nulla. Questo, che è un romanzo, era molto simile alla realtà.

Solo quando arriva un personaggio aristocratico, non così ricco, ma con status, parenti facoltosi, possedimenti e influenza, Don Cayetano trova un rivale all'altezza in materia di seduzione. Questi due uomini si dividono l'intera città in vari modi.

Don Carlos, il nuovo, è educato, pudico e un po' rispettoso nei confronti delle donne, un rispetto molto strano che maschera solo come educazione il suo profondo rifiuto per ognuna di loro, che sono totalmente ignorate e torturate dalla sua totale indifferenza. Molte donne del villaggio si rivolgono a lui o gli dicono che gli piace, ma lui rimane freddo come un iceberg, mascherando la sua totale avversione per loro con la cortesia e la buona educazione. Le rifiuta tutte, tranne una. È proprio "La galana", l'amante più importante di Don Cayetano, che Don Carlos ama sedurre e che seduce rifiutando tutte le altre. Don Carlos dice a gran voce: l'unica che voglio è quella che apprezzi di più e io vado a portartela via. Questo provoca un confronto tra i due, uno dalla galanteria più ancestrale e audace Don Cayetano, e l'altro Don Carlos un uomo con molta verbosità, che non dice né sì né no e travisa, manipola e blandisce con le sue parole educate che alla fine non dicono nulla.

La mia teoria è che questo Don Carlos sia un misogino al massimo, in quanto rifiuta tutte le donne molto valide che gli vengono offerte nel villaggio e, solo per farlo apparire brutto e per mettersi al di sopra del suo rivale Don Cayetano, seduce l'unica con cui non riusciva a flirtare, "la galana", che era l'amante ufficiale di Don Cayetano.

Una donna meravigliosa di nome Clara, dalla vita un po' licenziosa ma dal cuore nobilissimo, è totalmente devota a Don Carlos, che la fa soffrire e la tortura con la sua totale indifferenza. Solo quando Cayetano si accorge di lei, Don Carlos la reclama per sé.

Un'altra donna della classe sociale più elevata che arriva nel villaggio è totalmente disprezzata da Don Carlos, che si finge ignorante per scontentarla e convincerla a lasciarlo in pace. In fondo, Don Carlos cercava la libertà, di non essere legato a nessuna donna, come dice più volte nel romanzo che preferisce la sua libertà, sia per vivere da solo e non dipendere da nessuno che lavori per altri, sia per non dipendere da nessuna donna, visto che stava fuggendo da una donna che veniva da Vienna.

Vi consiglio di leggere questo romanzo perché vi insegnerà molte cose, soprattutto il personaggio di Don Cayetano che a me piace molto e anche se è il cattivo del romanzo, per me gode della mia totale simpatia, perché in fondo è buono, non mente alle donne, non mente agli uomini, va in giro vantandosi di scopare con tutti, è allegro e festaiolo, generoso con gli amici e anche con le mogli dei suoi amici, che si scopa e poi chiama cornuti i loro mariti in faccia. Quest'uomo è il seduttore spudorato e senza pudore che non ha rispetto per nessuno, siano essi parlamentari, sindaci, vescovi o chiunque altro. Tutti gli prestano obbedienza, lui è il fottuto padrone della città, è diretto e schietto.

Mentre il protagonista principale Don Carlos è un uomo astuto e freddo, un misogino, un uomo che odia profondamente le donne e che, dall'educazione e dalla galanteria, le disprezza profondamente, perché nessuna di loro è al suo livello. Inganna tutti con le sue belle parole che non dicono nulla. La sua grande amante, la donna a cui è totalmente devoto, Clara, subisce anni e anni di rifiuto, disprezzo e oblio. Dà il suo amore, o meglio la sua fornicazione, a una brutale contadina, che anche lui rifiuta e infine scarta, lasciandola sposare con un altro paesano.

È curioso che tra questi due uomini ci sia il problema di decidere chi sia il più bastardo. Io penso che questo Don Carlos, che tutti considerano buono, sia molto più bastardo, perché fa soffrire molto le donne, facendo la parte dello sciocco, dell'amico, dell'educato, dell'uomo buono. Ma in cuor suo si sente totalmente al di sopra di tutte le donne, che deve considerare indegne di appartenere alla sua illustre famiglia. Quindi, solo per soddisfare i suoi istinti più bassi e per infastidire l'altro, seduce "il galante". Quest'uomo è freddo, astuto, manipolatore, fa il bravo ragazzo, ma non mi piace molto. Per me è così duro e così freddo che diventa uno sciocco perso, perché perde innumerevoli occasioni. Si può capire quello che fa solo se si applica la mia teoria secondo cui è un misogino squilibrato che sa che l'unico modo per infastidire davvero le donne è rifiutarle tutte. Un mgtow dell'antichità.

Mentre l'altro dà loro dei soldi, li invita, li porta in giro, li fa ridere, tutti hanno la loro occasione, è un allegro festaiolo e godereccio, ovviamente Don Cayetano è il Sessantottino mentre l'altro è un tipo che si traveste da bontà, è ambiguo, non si definisce da una parte o dall'altra ed è veramente cattivo. Quindi qui il protagonista principale è il cattivo, e il cattivo, almeno secondo me, è il buono.

Alla fine cercano di rovesciare Don Cayetano e lui si difende da tutti, sconfigge tutti i suoi nemici con un pugno di ferro e nemmeno tutti i capi del paese riescono a sconfiggerlo.

Penso che Torrente Ballester, che ha scritto questo libro, sia un uomo molto intelligente. L'autore ha **diviso quello che è un seduttore totale in due uomini diversi**. Da un lato abbiamo la freddezza di Don Carlos, che sotto l'apparenza della gentilezza è un assoluto bastardo. Un uomo che per essere così spietato perde innumerevoli occasioni e non si diverte affatto con le donne, ma gode solo della sua vendetta che consiste nel vederle soffrire per lui, e l'altro Don Cayetano, al contrario, è l'affascinante furfante, il Sessuologo che si diverte e si diverte con loro.

Per avere davvero successo devi essere per il 75% Don Cayetano, il cazzone allegro e festaiolo, e per il 25% Don Carlos, il bastardo che gode più nel vederle soffrire che nel goderle.

Alla fine sono entrambi lo stesso uomo in due corpi diversi, questo romanzo parla di me.

# La seduzione nel romanzo "Fortunata e Giacinta".

Questo romanzo, ambientato alla fine del XIX secolo a Madrid, racconta le avventure di due donne: Jacinta, una donna di classe superiore e di bell'aspetto, che per la sua posizione sociale è destinata a sposare un uomo ricco e bello; e Fortunata, una donna di classe molto bassa che deve accettare la compagnia di qualsiasi uomo le si presenti, e che subisce calamità e disgrazie a causa della sua condizione sociale. Fortunata è bella quanto o forse un po' più di Giacinta ed è di lei che il nostro protagonista, Juan Cruz, si innamora. Da lei ha un figlio, che poi muore. Dopo queste avventure la abbandona ed è costretto a sposare Jacinta. Ma non riesce a dimenticarla e, non appena scopre che è tornata in città, torna a cercarla. Fortunata attraversa molte difficoltà e deve essere ammessa in un convento per ricevere l'educazione richiesta dal suo nuovo fidanzato, Maximiliano, un uomo debole e malaticcio che non è nemmeno un decimo dell'uomo che è Juan de la Cruz, e che lei è costretta a sposare per sopravvivere. Non appena esce dal convento, Juan de la Cruz la sta aspettando e lei non tarda a tornare da lui, ingannando il suo nuovo marito, che non è stato nemmeno in grado di consumare l'atto la prima notte di nozze, perché malato.

Ben presto si sparge la voce dell'infedeltà di Fortunata e il nuovo marito, di cui non ricordo il nome perché è così stupido, cerca di aggredirlo e viene picchiato così duramente che quasi muore.

In questo romanzo, vediamo una chiara distinzione tra il seduttore bello e il piacione sciocco, in modo molto esagerato. Uno è un uomo bello e affascinante, che dubito esistesse in Spagna all'epoca, con quel tipo di maniere e quel modo di comportarsi, così elegante ed educato, un vero galante. L'altro è uno sciocco innamorato, un uomo tenero, tenero che non fa altro che piangere, stare male e dichiarare il suo amore per Fortunata, un ometto che pesa appena 50 chili. Questo ometto, a causa della sua posizione sociale, accetta questa donna che deve accettarlo perché altrimenti finisce in mezzo alla strada. Troppo donna per lui. Ottenere questa donna contro natura, semplicemente per i soldi e la posizione, viene pagato con continue infedeltà e una miserabile vita da cornuto.

Fortunata, che è la protagonista di questo romanzo, torna più volte dal suo amato Juan Cruz che, di volta in volta, finisce per stancarsi di lei e la lascia. La donna soffre molto e, non appena lui ricompare, torna da lui.

Lascia il marito e si perde, ma un uomo più anziano approfitta della situazione e ne fa la sua amante. Lei lo lascia fare a causa della sua povertà e perché l'uomo è bravo senza essere stupido, è un uomo solo più vecchio. Quest'uomo si diverte con lei, ma la sua salute è già compromessa da tante scopate e le consiglia di tornare dal marito. Lei torna, ma è sempre la stessa storia: il marito è un uomo totalmente apatico che non esercita alcuna attrazione su di lei, e non appena Juan appare, lei cade nelle grinfie del seduttore. Ma ancora una volta lui la lascia.

La povera donna soffre di privazioni, finché alla fine si stufa di tutto e si fa rispettare, dice apertamente a tutti che non ama il marito e che ama il seduttore, così lascia di nuovo il marito e sembra che finalmente si unisca al suo eterno amore Juan Cruz. Fortunata partorisce da sola il figlio di Juan e stabilisce persino un contatto con i parenti di Giacinta, moglie di Juan Cruz, che non poteva avere figli e li desiderava molto. Succedono molte altre cose e alla fine questa povera e sfortunata donna muore e dà il bambino a Jacinta, ma non prima di aver litigato con un'altra amante di Juan, cosa che alla fine le costa la vita. Il marito di Fortunata, alla notizia della sua morte, si precipita in manicomio.

## L'ANGELO SEXTERMINATORE

Cosa impariamo da tutto questo? Beh, una lezione molto dura. Che i seduttori soffrono un po', cioè soffrono un po', ma lo superano facilmente perché hanno altre amanti, in fondo amano molto superficialmente, ma il danno che provocano è enorme. In Fortunata il danno è enorme perché questa donna lo ama sempre e non riesce a dimenticarlo, e muore letteralmente per lui litigando con un'altra donna che è stata anche sua amante. Giacinta, sua moglie, soffre molto, e alla fine tutti soffrono molto. Chi soffre di meno è colui che fa soffrire tutti, Juan de la cruz, il seduttore, colui che fa danni enormi. E qui arriva la domanda importante L'amore è perpendicolare, cosa significa? Svilupperò la teoria. Prendendo come esempio questo romanzo, vi dico che ciò che accade in amore è una cosa molto curiosa. Il seduttore ama un po' diverse donne. Ma alcune di loro si affezionano totalmente a lui, in questo caso Fortunata e Giacinta, entrambe, ma in misura molto maggiore Fortunata, che non lo ha e lo vede sporadicamente e soffre le sue assenze per molto tempo, Giacinta soffre le sue infedeltà, soffre anche lei, ma meno di Fortunata. In realtà, potremmo dire che entrambe soffrono più di lui.

Se immaginiamo che l'amore sia una freccia, potremmo dire che una freccia va da Fortunata a Juan, ma lui non la restituisce all'altra parte. Fortunata, non ricevendo la freccia di Juan, sprofonda nell'angoscia e nella disperazione, pur essendo una donna molto bella. Il cuore di Fortunata appartiene a quest'uomo e quindi, sebbene sia libera nell'aspetto, non è libera nei sentimenti. Appare un uomo, Maximiliano, che si innamora di lei e lei, per necessità e perché le conviene sopravvivere e non essere in mezzo alla strada, lo accetta, senza amarlo o desiderarlo. Poi Maximiliano scaglia una freccia a Fortunata, ma lei non la restituisce, perché l'appuntamento di Fortunata va a Juan. Così Juan non solo crea una Fortunata infelice per sé, ma anche l'uomo dietro di lei, suo marito, soffre perché Fortunata non lo ama.

Nel caso di Giacinta, invece, lei gli scaglia una freccia e lui la restituisce un po', e questa donna soffre meno e sta meglio, anche se non del tutto. Anche questa donna aveva un pretendente che non osava nemmeno dichiararsi, ma che sarebbe stato ugualmente respinto. La conclusione di tutto questo è che l'uomo freddo e duro ne esce bene e tutti gli altri soffrono a cascata. Fortunata soffre per lui e Maximiliano soffre per Fortunata che non ricambia, cosicché l'uomo desiderato non causa un solo cadavere amoroso, una ragazza che ha un momento difficile, ma due, la ragazza e l'innamorato della ragazza. Perché questa ragazza non va più bene per stare con gli altri, o anche se sta con gli altri, non si sente veramente felice, né ricambia troppo. Si creano due cadaveri amorosi, la ragazza che abbandona e l'uomo innamorato di quella ragazza che soffre perché nemmeno lei lo ricambia.

È come una gara in cui nessuno recupera, prima Juan, seguito da Fortunata, che solo a volte recupera un po' ma poi scappa di nuovo, dietro Fortunata va Maximiliano, che non è mai vicino a lei e mai lo sarà.

Alla fine, Fortunata muore perché muore letteralmente per lui e Maximiliano impazzisce e finisce in un ospedale psichiatrico.

Questo è un romanzo realistico e confermo che la realtà è così, non è stato inventato nulla e la dura realtà non è stata edulcorata, è così che vanno le cose nella vita, alcuni ne escono abbastanza indenni e la stragrande maggioranza soffre molto.

Ecco la questione morale.

Se non fossimo noi a corrispondere poco, a far soffrire le donne in misura variabile, se non ci fossero loro dietro di noi, allora saremmo noi ad andare dietro a loro e vivremmo soffrendo. Quindi, se dobbiamo scegliere tra noi che soffriamo o gli altri che soffrono, scegliamo loro che soffrono, sapendo che stiamo sbagliando, ma faremmo più male se fossimo noi a soffrire, quelli che vanno dietro a una donna a cui piace un altro uomo che la ignora.

La vita è dura, tutto è relazioni che finiscono quasi sempre nel dolore, quindi dobbiamo sfruttare al massimo i momenti belli che abbiamo e cercare di divertirci e far divertire senza soffrire o far soffrire troppo le persone, perché se siamo troppo bastardi mandiamo a puttane la vita delle persone, delle brave donne che soffriranno troppo per noi e questo si ripercuoterà su altri bravi uomini che andranno dietro a loro, e sarà una **catena di dolore**.

Noi non vogliamo questo, ecco perché l'angelo che elimina il sesso cerca di essere equo.

Abbiamo un'enorme responsabilità, per questo dobbiamo essere sinceri e dire quali sono le nostre reali intenzioni, perché così almeno non ingannaremo le brave donne. Si innamoreranno comunque, ma meno. Non abbiamo intenzione di soffrire, ma nemmeno di far soffrire troppo nessuno, quindi cercheremo di comportarci in modo equilibrato. Applicheremo la seduzione oscura solo a donne molto cattive. Siamo angeli di luce che usano le tenebre per difendersi rigorosamente.

Nella serie televisiva, quando ho visto l'attore che interpretava Juan Cruz, ho detto subito: "Non è spagnolo! Non ci sono uomini così in Spagna". Ho guardato su Internet e in effetti era francese. I francesi hanno gesti raffinati e un portamento elegante. L'ho subito associato al mio amico francese. All'epoca del romanzo non c'era un uomo così in Spagna, alto un metro e novanta, con quel tipo di eleganza e signorilità, e non mi sbagliavo.

## La seduzione nel romanzo "Cañas y barro".

In questo romanzo di Blasco Ibáñez c'è un personaggio fantastico che rappresenta perfettamente il seduttore, il suo nome è Tonet.

Quest'uomo era il bell'uomo del villaggio chiamato El Palmar dove si svolge il romanzo, un villaggio molto vicino a Valencia, in mezzo alla laguna. Tonet faceva impazzire le donne, perché era un ragazzo magro, bello, con un bel fisico e un sorriso accattivante. Appena l'ho visto ho capito perfettamente che l'attore che lo interpretava era un vero seduttore o un ragazzo con enormi capacità di seduzione. Quest'uomo, invece di lavorare con il nonno a pescare nella laguna, o di raccogliere il riso con il padre, passava il tempo in taverna con il suo fedele amico, perdonatemi se non ricordo il nome di quest'altro personaggio ah, ah, ah. Passavano tutto il giorno a bere vino, a volte andavano a caccia, oppure passavano la giornata senza fare nulla. Insomma, Tonet era un vero fannullone, talmente pigro che persino suo padre diceva che era la vergogna della famiglia perché non voleva né studiare né lavorare.

Quest'uomo aveva tutti pazzi per lui, ma soprattutto una di loro fin da bambina, una ragazza di nome Neleta.

Era la sua ragazza, anche se doveva sopportare le sue continue scappatelle con tutte le altre. Faceva finta di niente perché sapeva che alla fine sarebbe stata quella giusta. Quest'uomo è andato a Cuba per sfuggire alla vergogna subita dal padre, che gli rimproverava di essere ubriaco in taverna e lo umiliava davanti a tutti i suoi seguaci. Invece di rimettersi in carreggiata, se ne andò. Mentre si trovava a Cuba, scoppiò la guerra, ma invece di essere spaventato o intimidito, si divertì molto. Nelle lettere che scrisse alla sua famiglia in lutto, al padre, al nonno e alla sorella, raccontò che i Guajiras a Cuba erano molto gentili e gli davano tutto ciò che voleva, e quando sei un uomo, sanno già cosa vuole un uomo. Questo fu ascoltato dalla stessa Neleta, che per questo motivo prese le distanze da lui.

La guerra durò a lungo e non si sapeva se fosse vivo o morto, quindi è tra la maleducazione che fece a Neleta, la mancanza di preoccupazione che mostrò per lei nelle sue lettere e il fatto di non sapere se fosse davvero vivo: Neleta si rifece una vita e sposò l'uomo più ricco del villaggio che era rimasto vedovo da poco. Questo marito era un uomo molto anziano, infatti era prossimo alla morte a causa della cattiva salute.

Proprio quando pensavano che fosse morto, il nostro uomo è tornato, bello ed elegante, come se fosse il re in persona. Tutte le donne del villaggio rimasero a bocca aperta: era più bello che mai, con i baffi, i vestiti bianchi alla cubana, un abito bianco e un cappello molto elegante. A Neleta caddero letteralmente le mutande e iniziò subito a tradire il marito con Tonet.

La storia finisce così: quando il marito morì, Neleta tornò a Tonet e poco dopo ebbe un figlio da lui. Questo figlio avrebbe portato problemi perché se il popolo lo avesse saputo, le avrebbe tolto metà dell'eredità e lei stessa, diventata molto cattiva, lo ripudiò. Mandò Tonet ad abbandonarlo nell'incluse, che era un istituto per bambini orfani e non voluti. Quello che accadde fu un vero e proprio dramma, perché i romanzi dell'Ottocento e del primo Novecento appartenevano al realismo e cercavano proprio questo, il dramma alla fine. Così l'autore decise di concludere il romanzo con un dramma totale. Il nostro seduttore incontra un pescatore e uccide involontariamente il proprio figlio, spaventato dal fatto che possa essere visto. Lo mette sotto l'acqua della laguna perché non pianga. Poi, inorridito, va a uccidersi.

Un finale per nulla logico e molto improbabile, che cerca di trasmettere: essere come Tonet porta sfortuna. Questo finale è reso tale dai gusti dell'epoca, perché era quello che volevano sentire. Nella realtà non sarebbe successo nulla di tutto ciò e il nostro uomo sarebbe finito in trionfo. In quei tempi in cui tutti lavoravano e soffrivano molto, un uomo così grazioso e poco laborioso doveva essere punito affinché la società lo vedesse sotto una buona luce, da cui il finale tragico. Vendette più libri e piacque alle persone benestanti dell'epoca, che non tolleravano un fannullone pigro e donnaiolo che finiva bene.

La cosa che mi ha colpito di più è che quando è arrivato, tutti erano in uno stato di dolore, avevano paura di dirgli che la sua sposa si era sposata, ma lui lo sapeva già, e con il sorriso sulle labbra è andato lì così tranquillamente, senza gelosia o paura. Andò a fare amicizia con il marito e a ritirare il pezzo che era veramente suo. Questa assenza di gelosia, di preoccupazione e di infatuazione mi ha sconvolto, era un vero maestro nell'anno 1900.

La storia di quest'opera dimostra che dovevano esserci dei seduttori a Valencia intorno al 1900. Blasco Ibáñez si è ispirato a loro per creare il personaggio di Tonet, perché, come ho detto prima, nulla si crea dal nulla, tutto nasce dall'osservazione di persone reali. Sono sempre esistiti seduttori freddi, duri, spensierati, divertenti e festaioli. Non sempre erano ben visti, quasi mai, quindi nel romanzo compiono grandi azioni malvagie per compiacere il pubblico biemensensante e formale. Queste persone li odiavano, perché si sentivano così inferiori da desiderarne la morte. Gli scrittori, sapendo tutto questo, mettevano i seduttori nei loro romanzi commettendo misfatti che non avrebbero mai fatto, lo facevano per compiacere il grande pubblico. Voi e io sappiamo che una cosa è essere seducenti e un'altra è essere malvagi. I seduttori sono migliori della stragrande maggioranza delle persone. I seduttori amano, gli invidiosi odiano perché non possono essere come loro. Invidia del cazzo.

È così che la seduzione è stata associata al male. Questo romanzo è stato scritto per compiacere gli invidiosi e i mediocri, che sono quelli che abbondano, eppure l'autore dimostra di essere lui stesso un seduttore oppure di conoscerli alla perfezione. Con questo finale deplorevole, egli accontenta le masse e si concede il piacere di raccontare una storia in cui il seduttore trionfa in tutto il romanzo, tranne che nel finale. Inserisce di nascosto una storia di seduzione senza che loro se ne accorgano. La vera fine sarebbe stata il trionfo totale di Tonet. Ma questo non poteva essere assimilato nel 1900, doveva essere crocifisso, e così fu fatto e tutti furono felici. L'autore racconta la storia della vita meravigliosa di quest'uomo e i lettori sono felici che muoia e pensano che se lo sia meritato per non aver lavorato, per essersi divertito così tanto. Tutti sono felici.

Ottimo lavoro.

# Il grande reset.

Per questo motivo, quando si è già raggiunto il livello massimo, la cosa più importante è scendere rapidamente di livello, perché ci si trova a un livello in cui non si è molto competitivi. Il declassamento a Sexductor vi costringe a partecipare alla lotta. Quindi siete consapevoli che dovreste essere un angelo sterminatore, ma preferite essere un semplice sessuologo e quindi azzerate il vostro account e fate di nuovo il vostro massacro.

Finché ci sono obiettivi a cui tendere c'è vita, non si può rimanere in quello stato paradisiaco per più di qualche mese. Bisogna sempre tornare all'entusiasmo, smettere di crederci e tornare a giocare con l'entusiasmo di un principiante.

Non si può smettere di farlo, non importa quanti anni si abbiano, ce l'abbiamo nel sangue. Molti nascono donnaioli per pura genetica e muoiono a 96 anni come donnaioli.

Ora porto con me solo una donna sedotta. Questo è oggi, vedremo domani!

## Divertitevi.

Divertirsi è la grande occupazione dell'angelo sex-terminator e di qualsiasi seduttore. Se siete felici, trasmettete questa gioia alle ragazze con cui interagite, la vostra allegria le attrae perché alle persone piace stare con chi trasmette buone sensazioni. La vostra funzione è quella di essere sempre felici, di essere allegri. Le ragazze apprezzeranno questo aspetto in modo molto positivo, perché le persone sono spesso tristi e hanno bisogno di una dose di buon umore.

Alle ragazze piace ridere e divertirsi. Gli uomini di solito sono piuttosto nervosi quando interagiscono con le donne e questo impedisce loro di fluire bene e di sentirsi a proprio agio con loro, quindi non sono né divertenti, né si divertono a causa di questo, della tensione, sapendo che si sta giocando per ottenere quella ragazza sexy. Hanno anche paura di dire qualcosa di sgradevole o di mettere i piedi in bocca dando la loro opinione su qualcosa, e che questo non sia di suo gradimento. Con queste limitazioni fanno una conversazione molto politically correct, senza rischi, ma senza potere personale. Questa interazione passa attraverso canali molto convenzionali, l'interazione non è naturale o carismatica.

Questi uomini sono coscienti di sé, quindi il carisma naturale che hanno in misura maggiore o minore non fluisce. Il carisma che si sprigiona quando si è rilassati e disinibiti. Loro percepiscono questo, l'autocoscienza, la tensione, e questo li mette a disagio.

Sono a disagio a causa del nervosismo e della tensione, sono coscienti di sé e non dicono cose molto divertenti. Questo porta a una situazione un po' tesa che non è piacevole per loro. Per compensare questo nervosismo, questi ragazzi mettono l'attenzione esclusivamente su di loro, interessandosi eccessivamente senza emanare alcun carisma e sbagliano ancora di più.

Dovete essere spensierati come se non steste giocando con nulla, come se la conosceste da sempre, allegri e disinibiti, creando fiducia e comfort. Essendo a vostro agio, la farete sentire a suo agio. Otterrete molto se, oltre a questo comfort, vi comporterete in modo tale da generare umorismo. In questo modo la ragazza non solo non si sente a disagio, ma si diverte molto. Se a tutto questo aggiungiamo la fiducia in noi stessi, il sentirci attraenti e l'emanare tale attrattiva attraverso il nostro linguaggio del corpo, allora le possibilità di flirtare con lei aumenteranno in modo esponenziale.

Si tratta di far sentire bene la ragazza e di farla divertire. Se all'attrazione si aggiunge il comfort generato e l'umorismo, si ottiene uno status importante nella sua testa.

Siate disinibiti, siate voi stessi, a vostro agio e tranquilli, come se non ci fosse nulla in gioco, fluite, divertitevi, create buone sensazioni e attrazione e tutto filerà liscio.

Di tutte le qualità del metodo JD, credo che quella disinibita sia la più importante, perché è quella che permette di far emergere il proprio vero io, quello che mostra il carisma e la personalità. Se siamo noi stessi e addirittura valorizziamo ciò che siamo, saremo graditi o in alcuni casi genereremo rifiuto, ma saremo autentici. Di solito, anche se all'esterno possono non essere d'accordo con quello che diciamo, la nostra sicurezza e il nostro carisma generano un'attrazione sufficiente a smussare questi inconvenienti e, nonostante ce lo facciano notare, amano le persone sicure e carismatiche.

Non sedurremo mai dicendo cose politicamente corrette o essendo neutrali, dobbiamo emanare il nostro carisma. Ad alcune persone non piacerà, e nessuno piace a tutti, ma noi saremo onesti, genuini e autentici. Ecco perché non bisogna mai avere paura di esprimere un parere su qualcosa, assicurandosi che non sia troppo controverso, ma dando la propria opinione. Non abbiate paura, come diceva Nicolas Cage in "Ghost Rider" - Non si può vivere nella paura.

Esercizio.

La prossima volta che incontrate una ragazza sconosciuta, ponetevi l'obiettivo di essere totalmente fluidi e disinibiti, di essere voi stessi, di essere autentici, di ricordare che l'unica cosa che dovete fare in quell'interazione è soddisfare voi stessi e divertirvi. Non badate a lei e ai suoi bisogni, ma al vostro divertimento. Divertitevi e lei si divertirà.

# Produzione.

La seduzione è come un business, dobbiamo essere consapevoli di un parametro molto importante.

Il parametro più importante è la **produzione**. Che cos'è la produzione? La produzione consiste nel flirtare il più costantemente possibile. Le ragazze che passano dall'essere senza di voi all'essere con voi, all'essere attive e poi all'essere con voi possono godere dei vantaggi che voi date loro. La produzione consiste nell'andare a rimorchiare costantemente e in modo efficace. Dovete rimorchiare molte ragazze a ritmo più alto che potete, quasi sempre. In questo modo si producono entrate nella catena di produzione. Alcune di loro possono anche entrare nel **cerchio della fiducia**. L'obiettivo più importante è far entrare le ragazze nella cerchia del potere o della fiducia, perché sono ragazze con cui ti piace stare, così puoi tenerle e godertele più a lungo.

La produzione determinerà in modo decisivo il tasso di ingresso in questo circolo. Si può produrre molto, ma poi può succedere che poche di loro siano degne di entrare in questo circolo di fiducia. In questo caso dovrete fare una produzione più alta, perché poche delle ragazze che raccogliete sono degne di questo. C'è un difetto in questo caso, ed è quello di rimorchiare ragazze che non vi piacciono affatto, il che è abbastanza difficile ma può succedere, quindi non si progredisce e non si entra in questo circolo. Questo è abbastanza normale per le persone che sono agli inizi e che rimorchiano ragazze senza una buona connessione e senza che la ragazza piaccia davvero, rimorchiano solo per il gusto di rimorchiare. Un modo molto migliore per far entrare le ragazze nel circolo è quello di farle entrare più solidamente nel circolo e far sì che vogliano perseverare e rimanere con voi. In questo modo, con meno produzione, si otterrà un rapporto migliore tra le ragazze che entrano nel circolo e quelle che entrano nella catena di produzione.

Se la maggior parte delle ragazze che si raccolgono entrano nel cerchio della fiducia, allora avremo problemi logistici. In questo circolo di potere, le ragazze rimangono per un certo tempo, un tempo molto variabile a seconda che ci piacciano di più o di meno, o che ci diano più o meno problemi. Ma non possono rimanerci a tempo indeterminato. Quindi sì, se le ragazze entrano nel circolo grazie all'alto volume di produzione e al nostro fottuto potere attrattivo che le tiene lì, dovranno anche andarsene a un ritmo commisurato al numero di ragazze che entrano. Se stanno troppo in questo circolo e non ne escono, se ne accumulano troppe e questo causerà problemi per poterle vedere e mantenere tutte felici. Quindi bisogna imparare un'altra funzione, che è quella di **gestire i flussi in uscita**.

Come ho detto più volte, è molto più importante eliminare che acquisire. Eliminare tutte quelle che danno problemi o, se non lo fanno, quelle che sono meno soddisfacenti, queste devono essere eliminate in modo che possano entrare altre che potenzialmente potrebbero essere migliori. A volte si commettono errori e si eliminano ragazze che erano migliori di altre che entrano, bisogna mettere a punto questo aspetto.

Se si accumulano in eccesso nella vostra cerchia di fiducia, avrete seri problemi. Dovrete sacrificarvi, la vita del seduttore è sacrificio e a volte nei casi di alta produzione e potere non potete occuparvi bene di tutte e dovrete sacrificare le ragazze buone. Questo è molto difficile perché non se lo meritano, ma devono sacrificarsi anche se sono brave, perché hai un limite di capacità e se lo raggiungi devi sacrificarti perché non puoi frequentarle. È diverso eliminare, che è una cosa naturale, che sacrificare.

Per chiarire il vocabolario del seduttore, abbiamo le seguenti parole
**Acquisire**. Una nuova ragazza che entra nella nostra produzione. Forse non riuscirà a entrare nel cerchio della fiducia, ma almeno

l'abbiamo acquisita. Dovreste acquisire ragazze che potenzialmente potrebbero entrare nel circolo di fiducia. Una nuova ragazza che abbiamo raccolto può anche essere definita un'acquisizione.

All'interno delle acquisizioni si distinguono due tipi: le acquisizioni che entrano nella catena produttiva ma non entrano nel cerchio della fiducia, le cosiddette **acquisizioni fallite o failed entry,** ragazze che hanno fallito una volta collegate. Ci sono poi le acquisizioni più solide e di successo che entrano nel cerchio del potere.

**Eliminare.** Eliminiamo una ragazza dalla nostra cerchia di potere, e quindi lei ha già rinunciato, la eliminiamo perché appaiono altre ragazze migliori. Questa ragazza è normale, né buona né cattiva. Non costa molto dolore perché non siamo nemmeno molto legati a lei. È una parte naturale del processo di produzione.

**Sacrificio.** Sacrificare significa buttare fuori dal nostro circolo una brava ragazza che meritava di starci ma che, a causa delle attenzioni che devi dedicare ad altre che sono ancora più brave, non riesci a curare bene e devi lasciarla. È entrata nel cerchio della fiducia e almeno l'abbiamo usata un po'.

**Spreco.** A volte ci si deve sacrificare anche senza aver approfittato di quasi nulla e senza essere entrati a far parte di questo circolo di fiducia, e questo è molto, molto, difficile, perché si spreca una brava ragazza. Tende ad accadere nei momenti di grande produzione e quando nel cerchio ci sono molte donne di alta qualità, che non possono essere lasciate incustodite. Questo lo chiamo **spreco**.

**Scartare.** Scartare non significa prendere una ragazza che potremmo prendere, ma non lo facciamo perché prevediamo gli enormi problemi che causerà in futuro.

So che avete parlato qui come se fossero merci, non è mia intenzione sminuirle o altro, è un modo per spiegare come funziona la produzione. So che hanno dei sentimenti, ma anche voi avete dei sentimenti e soffrite, e provate emozioni e sentimenti per tutto ciò che fate. Quindi, anche se sto parlando dal punto di vista logistico, tutto questo comporta emozioni e sentimenti che l'angelo che termina il sesso cerca di fare in modo che siano sempre vantaggiosi per tutti.

A volte ci sono piccoli dolori che sono inevitabili come tutte le cose della vita, ma io dico che l'angelo sexterminatore cerca di minimizzare il danno causato.

Entrate, entrate nel cerchio del comfort e uscite. Dovete controllare come vanno le entrate, come va il circolo del benessere e come vanno le uscite. La velocità di rotazione delle donne della vostra vita, la durata, le buone sensazioni che vi danno e le buone sensazioni che voi date loro. Ci sono molte cose da fare e poco tempo per farle e averle tutte sotto controllo.

È come una fabbrica, la donna arriva un po' annoiata, entra nella linea di produzione, voi la trasformate, le date dei bei momenti, del buon sesso e delle belle emozioni amorose, non amore, ma emozioni amorose, che la fanno stare bene. E alla fine, quando la ragazza se ne va perché ci sono altre che ti piacciono di più, o perché non ti eccita più, se ne va più felice di quando è arrivata.

Con il processo di produzione le avete fatto del bene e le avete lasciato più capacità sessuali, più autostima di quando è entrata, più bei ricordi, le state facendo del bene.

La vostra produzione è anche una produzione di massa su scala industriale che genera donne felici di essere state con voi. La produzione è questo, trasformare donne tristi in donne felici, dopo un processo più o meno breve o lungo, abbandonate alla fine, ma felici.

Alcuni non riescono a entrare nel cerchio della fiducia in cui si forma la triade, il quartetto, il quintetto, il quintetto, il sestetto o qualsiasi altra cosa, queste entrate che non gelificano, che vanno e vengono rapidamente, sono entrate fallite, che non sono riuscite a posizionarsi e che non sono davvero degne della nostra attenzione. **Entrate fallite o acquisizioni.** È così che chiameremo quelle che deludono e ti fanno uscire, o quelle che se ne vanno da sole perché non ci hanno valutato correttamente. Queste ragazze che stavano andando bene ed erano nella catena di produzione hanno finito per fallire, perdendo i benefici che questo comporta, non hanno saputo valorizzare bene. Vengono eliminate o si eliminano da sole.

Se una ragazza ci rifiuta e non viene collegata, non c'è alcun ingresso, è lei che ha fallito. Non entra nella catena di produzione e non beneficia dei nostri servizi. Ha fallito alla grande.

Ci sono entrate e uscite, entrate e uscite. Per riassumere.

**Gli input** nella catena di produzione sono le acquisizioni... le ragazze che vengono baciate o che fanno sesso. Tra gli input, c'è un esaurimento che sono gli **input falliti**, le ragazze che deludono e non entrano nel cerchio del potere, queste ragazze diventano rapidamente uscite e non hanno più i privilegi e i vantaggi di stare con te.

# L'ANGELO SEXTERMINATORE

**Le uscite.** Possono essere di due tipi: uscite veloci di ragazze che sono entrate senza successo e non sono riuscite a posizionarsi e uscite dal circolo di fiducia o possiamo anche chiamarlo **circolo di potere**, perché ci dà il potere di stare con diverse ragazze e di avere il bisogno sessuale abbastanza soddisfatto.

Altri escono dal cerchio del potere da soli, in questo caso si tratta di **perdite**.

Schematicamente, funziona così.

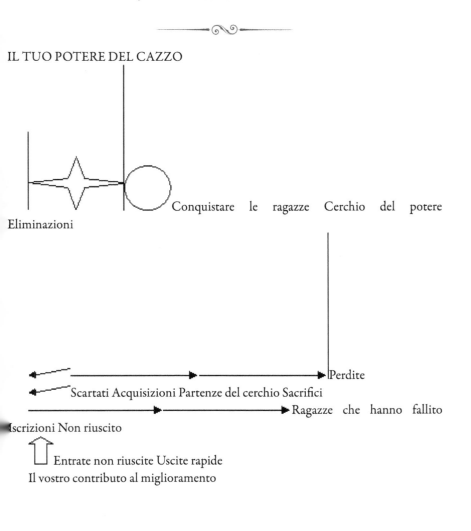

## PRODUZIONE

NON C'È DUBBIO CHE coloro che non raggiungono la cerchia del potere hanno un turnover molto più elevato rispetto a coloro che entrano nella cerchia del potere grazie alle loro buone qualità e vi rimangono per un po'.

Un seduttore deve dedicarsi alla sua produzione, in modo da aumentare la sua potenza di scopata per conquistare meglio le ragazze. Deve anche generare un alto volume di ingressi, alcuni non hanno successo, quindi hanno un turnover molto alto, con entrate e uscite molto veloci. Altri entrano nel circolo del potere e vi rimangono finché ne abbiamo voglia, fino a quando non è impossibile mantenerli a causa della pressione di nuovi ingressi migliori e dell'impossibilità di occuparsene.

Essere un seduttore è molto difficile. Dovrete scartarne alcune, avere molte ragazze che sono state acquisite ma hanno deluso e sono diventate uscite veloci, dovrete anche avere il sangue freddo di eliminare e ancor più di sacrificare ragazze valide, che spesso non entrano nemmeno nel circolo del potere e vengono eliminate senza approfittarne e diventano dei rifiuti.

Dovrete essere in grado di **avere il collante** per trasformare le iscrizioni (ragazze baciate) in ragazze del circolo del potere che vogliono stare con noi. Non c'è un indice per misurare quante di quelle che baciate entreranno nel cerchio del potere, potete baciarne molte e nessuna sarà valida, oppure baciarne poche e tutte saranno valide, dipende dalla connessione e dalla comprensione che avete.

È inoltre necessario avere una buona valutazione della profondità.

Indice **di** profondità=Le ragazze hanno fatto sesso/le ragazze hanno baciato=0,5 eccellente

0,35 buono,

Meno di 0,35 male.

**Il tasso di successo** è = numero di ragazze con cui si bacia/numero di ragazze con cui si parla con l'intenzione di flirtare.

Dovreste colpirne almeno uno su dieci, con una percentuale dello 0,1, ovvero del 10%, mentre sarete molto bravi se colpirete lo 0,33, ovvero il 33% di quelli che colpirete.

Non si tratta nemmeno di mettere tutte le ragazze che baciate nel circolo del potere, alcune di loro sapete già che avranno un rapido ricambio e saranno ingressi falliti che sarete ansiosi di eliminare piuttosto che apprezzare. Altre, invece, potete farle entrare nel circolo del potere. In genere, il desiderio di farli entrare nel circolo del potere implica una certa morbidezza, perché si vuole che durino. Ma ce ne sono alcuni magnifici che non sono un problema e che si comportano molto bene. Quelli che sanno che aspetto hai e percepiscono quello che fai, ma non se ne preoccupano troppo.

Possiamo dire che c'è una produzione lenta, ovvero le ragazze che entrano nel circolo del potere, restano a lungo e se ne vanno molto lentamente, e una **produzione veloce**, con molto ricambio, che è composta da ingressi falliti che entrano e se ne vanno velocemente, perché non ci entusiasmano. Entrambe le cose devono essere combinate. Più si è pazzi e più si deve fare una produzione veloce.

**La produzione lenta** dà conoscenza delle donne e piacere, la produzione veloce porta massacri e CV immensi, nonché autostima e concetto di scopatore.

Sia che si tratti di un artigiano che realizza una produzione lenta, minuziosamente bella e perfetta, sia che si tratti di un produttore su scala industriale che ha a malapena il tempo di godersi i suoi prodotti, a causa dell'altissimo fatturato; in entrambi i casi godete e siate felici.

# Rilascio.

Non ci si può sentire in colpa per essere ciò che si è.
Molti seduttori praticano la seduzione, ma poi, a causa di tutte le pressioni sociali che ti indirizzano verso la formalità, si sentono un po' in colpa e pensano di fare qualcosa di sbagliato, o di essere cattivi per quello che fanno.

Devi liberarti e fare ciò che ti rende felice, ciò che ti fa vivere, ciò che ti diverte enormemente. Certo che sì! Perché tutti devono essere uguali? Perché tutti devono mettere su famiglia e prendersi cura dei bambini?

Se avete sacrificato questo, avete rinunciato a questo, ed è vostro diritto godere non solo di sedurre, ma anche di cambiare spesso ragazza e vivere felicemente. State facendo anche del bene, perché state dando gioia, divertimento e ottimo sesso a quelle ragazze che sanno quello che hanno. Troveranno un marito quando ne avranno voglia, ma non sarà lei, per fortuna.

Quindi non sentitevi mai in colpa per essere quello che siete, ma piuttosto sentitevi molto orgogliosi di fare qualcosa che nessun altro osa fare e di cui tutti gli altri hanno paura. Se gli altri credessero in se stessi come voi, farebbero lo stesso e non avrebbero così tante fidanzate e donne e farebbero anche loro seduzione. Quindi sentitevi bene e anche superiori, perché voi siete superiori, perché chiunque voglia formare una famiglia può farlo, ma non tutti possono sedurre.

Il lupo è dispiaciuto quando morde la pecora? La tigre è triste quando caccia il cervo? Sono felici e contenti. Dovreste essere consapevoli della vostra natura ed essere orgogliosi di ciò che siete. Siete il predatore, il cacciatore che non si accontenta di una vita monotona e tranquilla. Rifuggite dalla stabilità, dalla comodità e amate l'azione e il miglioramento personale.

Siete voi il seduttore, siatene sempre super orgogliosi.

## Io sono John Danen, il sexductore, l'ex angelo sexterminatore.

C on una voce di tuono queste parole risuoneranno nell'aria.
Nel corso dei decenni si realizza la produzione, a volte in massa, a volte a poco a poco con strozzature e momenti difficili. La produzione continua sempre, si rinnova sempre, perché non è una cosa che si può scegliere o rifiutare, la scelgono per voi grazie alle vostre buone qualità. Non potete rifiutare una bella donna che vi apre le gambe. Siete condannati e dovete davvero sottostare a ciò che vogliono. Una condanna deliziosa. Voi incoraggiate la seduzione, ma loro vogliono davvero quello che voi offrite.

La differenza tra una sex worker e un ragazzo normale è che la sex worker si impegna e ottiene molto, mentre il ragazzo normale è frustrato perché non ottiene nulla.

È qualcosa che avete programmato così tanto, che fa parte di voi, della vostra vita, e non potete rinunciarvi in alcun modo. E così gli anni passano, aumentando sempre di più la tua saggezza. A un certo punto una ragazza ti prende un po', ma tu mantieni la tua produzione a ritmi moderati. Sai sempre che puoi fare molto di più e infatti passi molti anni a nuotare tra due acque, tra il frequentare una ragazza più formale e il continuare a flirtare. Per questo non fai una produzione ancora più mostruosa, ma una produzione enorme. Non alla velocità di quando sei totalmente libero, ma a una buona velocità.

# L'ANGELO SEXTERMINATORE

A poco a poco il mercato si restringe e ci sono meno donne adatte alla vostra età, il che significa che vi sforzate ancora meno, perché i premi in palio sono pochi, ma ne restan alcuni e siccome non potete fermarvi, continuate a farlo. Poi arriva un momento in cui non ci si preoccupa troppo della produzione di massa, ma piuttosto di divertirsi, di stare bene, di vivere senza sforzarsi troppo, e se si produce poco, non ci si martirizza per questo. Ma questo non è qualcosa di veramente soddisfacente, è solo sopportabile. Dove si è veramente a proprio agio è nella produzione di massa.

Nei giorni in cui ci si libera dalle costrizioni, si libera tutta la rabbia accumulata e si fa un piccolo massacro altamente concentrato. A volte la produzione di un intero anno viene fuori in un solo mese di vera follia. L'angelo terminatore del sesso potrebbe fare molto di più, ma pensa che gli sforzi che deve fare non siano compensati dal poco bottino che può ottenere. Un bottino di donne più grandi, più pesanti e più esigenti.

Per questo motivo, essendo al di sopra del bene e del male, l'angelo terminator del sesso finisce per stancarsi di esserlo. **Arriva un giorno in cui il sangue ti ribolle** e torni a essere te stesso, il tuo vero io senza limiti. Smetti di essere un angelo terminatore del sesso e diventi un libero sexductore che fa la sua produzione di massa nella misura in cui il suo fisico e la sua età lo permettono. Fai una produzione eccellente, infinitamente superiore a quella di tutti i tuoi coetanei, ne sai più che mai e fai dei veri e propri massacri ben oltre i 50 e 60 anni.

Così va a cicli, cicli di maggiore tranquillità e cicli di alta produzione. La vita è lunga e alla fine il giorno della tua morte avrai fatto una produzione brutale. È il giorno in cui finisce la tua carriera di stronzo.

Passano i decenni e si torna nei luoghi in cui si è rimorchiato 20 o 30 anni fa, a volte anche 40 anni fa, e si pensa: dove sono le donne che ho rimorchiato qui?

A volte, per caso, si nota una donna e si nota qualcosa di speciale in lei, perché c'è qualcosa che ti attrae. Mi è capitato di incontrare donne che non ho nemmeno riconosciuto, ma che ho notato per via di qualcosa, e poi pensandoci mi sono reso conto che erano donne con cui sono stato a letto decenni fa. Hanno qualcosa di speciale che ti fa ricordare com'erano quando stavi con loro. Alcune di loro sono in pessima forma, ma la maggior parte di loro è fottutamente fantastica, sono proporzionalmente più attraenti di quando erano giovani.

La vita dello stronzo è lunga e la sua produzione è enorme. E così felice e spensierata, con momenti in cui ti scateni e diventi un vero predatore che seduce in massa come se avessi 23 anni, e altri in cui sei più calmo, la vita passa e tu fai la tua leggenda. Questo rimarrà nella memoria, la produzione che hai fatto, i momenti che hai vissuto, i piaceri che hai provato, nessuno te lo porterà via e nemmeno la morte potrà cancellarlo, perché sarà conservato per sempre in qualche modo mistico in qualche luogo di archiviazione dati. Nel mio caso non sarà necessario, perché rimarranno nei libri che ispireranno altri a seguire il mio cammino.

Non sono quello che flirta di più, né quello che scopa di più, né quello che flirta più facilmente, non sono il migliore in niente, purtroppo non sono quello che fa di più. Sono solo uno che ci tiene davvero a sedurre le donne e questo mi motiva e mi dà un'immensa soddisfazione. Vivo per questo. È tutto ciò che faccio davvero, vivo per questo.

La mia produzione è continuata, una produzione che quest'anno segna il suo 40° anno, quattro interi decenni, dedicati dal 1983. Sembra una compagnia fondata nel 1983, e si pensa: wow, ha un bel pedigree. Ah, ah. Poco dopo la mia nascita, all'età di 13 anni, ho iniziato la mia produzione. Due secoli di produzione, amico, non tanto, ma una produzione distribuita su due secoli, è vero. E così, come un vampiro che ama uscire di notte, continuo il mio compito, portando gioia, portando felicità, polvere a polvere, bacio a bacio, massacro a massacro, aumentando la leggenda.

Sono John "fucking" Danen, un Sexducer, un loro servitore. Un vero femminista, quale femminista più grande di un uomo che fa l'amore con le donne? Mi dedico all'unica cosa che conta per me, la produzione. Sarò immortale attraverso i libri. E voi saprete che sono esistito, riceverete l'influenza delle mie parole e diventerete anche voi un sexductore, un vampiro, un produttore artigianale che coccola il suo lavoro e allo stesso tempo è capace di produrre in serie.

Come abbiamo detto decenni fa io e il francese
"Siamo qui e non ci fermeremo mai".

Chi cazzo vuole essere formale quando si può vivere una vita di seduzione delle donne?

Ho scritto molto su questo argomento, ma **non ho davvero parole** per descrivere l'immensa soddisfazione che si prova quando si seduce, quando si passa da una donna all'altra, da un letto all'altro, quando ti adorano, quando sei il migliore. Dovete viverla. Tutti gli sforzi e i sacrifici che fate vi saranno restituiti con enorme generosità. Raggiungerete momenti di estasi di potere, di sentirvi il padrone, il fottuto padrone, di invidiare voi stessi e di amare così tanto l'essere voi stessi da amarvi davvero totalmente.

E no, non finisce male come vorrebbero gli invidiosi, avrete vissuto davvero.

Un solo giorno di un autista sessuale all'apice della sua potenza vale più della vita di un uomo formale.

# Ipergamia.

L'ipergamia è la caratteristica posseduta da quasi tutte le donne che le induce a legarsi a uomini di livello sociale superiore al loro.

La fiducia in se stessi è la cosa più importante e se non la si ha si viene totalmente esclusi dal gioco, ma oltre alla fiducia in se stessi questo è un fattore molto importante, perché anche se si ha una grande fiducia in se stessi si può essere esclusi se non si è nello stesso status sociale di loro.

Ho sempre lavorato sodo, cercando di rimorchiare le ragazze, non mi è mai importato del loro ceto sociale, mi sono solo assicurato che avessero un bell'aspetto, sia che fossero donne delle pulizie che marchesi.

Le Marchesi non le ho prese, quindi è meglio che me ne liberi.

Ebbene, mentre stavo lottando e le ragazze non arrivavano facilmente, osservai che altri uomini che se ne stavano lì senza fare nulla e senza essere più belli, più attraenti o avere alcun vantaggio, ottenevano ragazze migliori di me, e senza fare grandi sforzi.

Ho decodificato questo dato e ho capito che era dovuto allo status sociale di questi uomini.

Un uomo con i soldi ha enormi vantaggi, ma enormi. Esaminiamo tutti i vantaggi che ha.

Si possono frequentare posti migliori, come pub più costosi, si possono ordinare bevande migliori che lasciano meno postumi, che sono migliori e che danno un punto in più. Potrete viaggiare di più, potrete recarvi in luoghi più costosi, soggiornare in hotel migliori, mangiare in ristoranti migliori. Potrete anche viaggiare più velocemente o più comodamente, o entrambi, in prima classe o in una lussuosa Mercedes.

Saranno tutti comfort e privilegi, anche se a costo di sprecare un'enorme quantità di denaro. Questa vita comoda e bella è ciò che vogliono e spesso la scelgono non per quello che è, ma per quello che può far vivere. Forse non darà loro emozioni folli e divertenti come il sex driver, ma darà loro baci molto costosi, in luoghi come Roma, Parigi, New York, Bali, Tahiti, Bora Bora, Istanbul.

I ricchi possono anche indossare abiti migliori e più costosi, che si suppone siano di qualità superiore. È un falso che abbiano più qualità, quello che hanno è il segno distintivo che li separa dagli altri, il logo dell'azienda che produce quell'indumento che è una vera e propria truffa, e non ha più qualità, né è migliore degli altri; ma ha l'immagine, l'immagine di quel logo che è ciò che differenzia i ricchi dai poveri.

Il povero può essere vestito più comodamente e con uno standard più elevato, ma non potrà godere del logo di ricchezza che il marchio porta con sé.

Il ricco potrà guidare un'auto migliore, più costosa, più nuova e più tecnologica. Potrà viaggiare quasi ininterrottamente, perché molti ricchi non devono nemmeno lavorare, e questo è un altro enorme vantaggio, perché hanno soldi e anche tempo. I loro dipendenti lavorano già per loro. Quindi alcuni di loro hanno molto tempo libero e possono essere sempre in giro a fare festa.

Le ragazze lo vedono e lo notano e automaticamente dal suo abbigliamento, dal portamento e dai gesti di una persona fine che non ha lavorato troppo, una persona che si è perfezionata e ha puntato più sull'eleganza e sulla finezza, viene immediatamente individuato. Individuato e molto apprezzato dalle donne.

Hanno anche il vantaggio di potersi sottoporre a operazioni per migliorare il proprio fisico, di potersi rifare il naso e la pancia, di frequentare palestre, di avere personal trainer, dietologi, insomma di avere vantaggi anche nel proprio fisico.

Credo che una delle cose che le contraddistingue maggiormente sia il fatto di poter andare in posti esclusivi e ultra costosi, posti che solo i ricchi possono permettersi. Lì trovano facilmente questi uomini. Bevono bottiglie di champagne da 300 o 1000 euro con grande piacere.

Pensano che questi uomini possano offrire loro una vita confortevole e di lusso senza lavorare per tutta la loro fottuta vita. In termini di bellezza, l'uomo ricco è senza dubbio preferibile per queste donne, e anche se è molto più brutto, può essere preferibile per la vita di lusso che può offrire loro.

Lo stronzo di Valencia e lo stesso francese hanno i soldi, le donne se ne accorgono e questo dà loro un enorme vantaggio rispetto agli altri.

Esiste anche un gruppo di donne che sono completamente inaccessibili a qualsiasi seduttore. A questo seduttore riconosceranno solo la sua attrattiva e la sua bellezza, diranno che ha un aspetto fantastico e che è un uomo molto attraente; ma non andranno mai con lui a causa della sua mancanza di denaro, che è ciò che apprezzano di più.

Nel mio lavoro avevo un capo molto elitario, per così dire, che aveva a che fare con donne di questo tipo, interessate ai milionari e a lavorare il minimo indispensabile. Il suo modo di salire in società era quello di sposarli per accaparrarsi tutti i loro beni. Per vivere la vita di lusso che non potevano ottenere da sole. Una delle amiche del mio capo era una ragazza particolarmente bella e attraente, molto sexy; inoltre era molto simpatica, era una donna praticamente perfetta, alta, bella, simpatica, tutto quello che ho detto prima. Questa donna, che riconosceva i miei attributi e la mia capacità di seduzione, non era mai interessata a qualcosa di amoroso con me, ma piuttosto usciva con milionari che possedevano Porsche costose, grandi aziende, o direttamente con persone della nobiltà. Alla fine finì per sposare un conte, o un duca, non ricordo. Ma lui aveva enormi proprietà e una vita molto confortevole da multimilionario. Un giorno dissi a questa donna, visto che non mi prestava abbastanza attenzione, perché non mi presentava a uno dei suoi amici, e lei mi disse: "Sei bellissimo John, ma **non hai un portafoglio**. Non vogliono andare con i ragazzi come te.

Questa è l'ipergamia più cruda: l'unico modo per sedurre queste donne è avere soldi e usarli generosamente.

Le donne migliori, le più belle, le più attraenti, vanno quasi sempre con i milionari e guardano solo quello, la ricchezza, infastidite dal fatto che un brav'uomo le porti fuori dai loro schemi mentali e che possano sentirsi attratte dal fatto che lui sia povero. Questo le fa arrabbiare molto e molto presto, se hanno avuto una relazione con lui, lo eliminano e tornano dal loro milionario. Sempre che lui riesca a rimorchiarle.

Se essere milionari è un vantaggio, se oltre a questo si è milionari e belli, allora è un vantaggio infinito che produce un potere molto elevato.

Se siete un milionario bello e seducente, stabilirete dei record mondiali di seduzione e flirtare sarà per voi come ordinare una birra, un gioco da ragazzi. Nessuna donna interessata e sana di mente sarà in grado di resistere.

Cosa può fare il sexductore in questa situazione? La cosa più sensata da fare è rinunciare a tutte queste donne e concentrarsi su donne di qualità simile, ma disinteressate alle cose materiali. Le altre non vi perdoneranno mai di non essere ricche. Per loro l'amore non esiste, così come l'attrazione, e se un giorno si mettono con un bel ragazzo povero, come un modello o qualcosa del genere, lo lasciano subito per la vergogna e tornano dal loro ricco papà che dà loro lussi e ricchezze.

È molto difficile fingere di essere milionari, se si mantiene una facciata forte, ad esempio i vestiti, non si avranno soldi per le altre facciate che sono i viaggi, gli alberghi, i pasti, le macchine, le case, insomma si verrà scoperti!

Di fronte a questo, o rinunci a loro, o diventi molto ricco, o te ne freghi di tutte queste stronzate e ti concentri sulle tue brave donne che ti apprezzano per te stesso e non per i tuoi beni.

Poi dicono che le donne sono buone e degne di lode, ebbene questo non accade con gli uomini se non in rarissime occasioni, e per di più è disapprovato che gli uomini siano interessati a prendere soldi dalle donne. Oltre a ciò, è disapprovato che gli uomini siano interessati a prendere soldi dalle donne.

Insomma, fregatevene perché vi state perdendo solo donne brutte, superficiali, interessate, che non vi amano e con le quali non vale la pena di incontrarsi o flirtare, perché oltre a tutti i soldi che vi prenderanno, vi daranno solo fastidi e un falso amore, che sparirà del tutto non appena non pagherete per i loro capricci. Sono fidanzate a pagamento. C'è amore se c'è denaro.

## La fenice.

Il sexductore riemerge sempre, come tutti gli altri si hanno momenti negativi e si possono avere grandi crisi, ma tu sei il sexductore e sei consapevole di esserlo, per questo torni sempre trionfante sul mercato. È tutta una questione mentale, puoi avere una crisi a diciotto anni, a venticinque, a trenta, a quaranta, a sessanta, e forse il tuo momento migliore è a settantacinque. Dipende solo dalla vostra mente, dalla vostra sicurezza e fiducia. Non si tratta di essere o non essere qualcosa, ma di come ci si sente con se stessi. **Non appena vi piacete, iniziate a piacere anche a loro.**

Quindi a diciotto anni ero in piena attività, a diciannove ero in pensione con una fidanzata, a ventidue sono riemerso e a venticinque sono sprofondato di nuovo, a ventisei sono riemerso di nuovo e sono andato forte fino a quarantaquattro anni. C'è stata un'altra crisi e mi sono ripreso, ce n'è stata un'altra verso i 52 anni e mi sono ripreso di nuovo.

Niente e nessuno può fermare il vostro potere, non appena vi rimettete in riga, diventate consapevoli del vostro fottuto potere, diventate di nuovo attraenti, diventate più impegnati, diventate di nuovo motivati e diventate di nuovo leader di mercato.

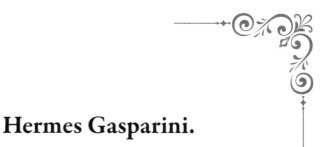

# Hermes Gasparini.

Sono un appassionato di braccio di ferro e seguo diversi personaggi come Devon Larrat o John Brzenk. Ora c'è un nuovo personaggio, Hermes Gasparini, che è attualmente il numero due al mondo ed è battuto solo da Levan Saginashvili.

Quest'uomo, Levan, è un vero mostro, un gigante con braccia e corpo mostruosi e pesa quasi 200 chili. È grande ma sembra un uomo molto bravo, non c'è nessuno che possa batterlo. Hermes Gasparini lo affronta e lo mette in difficoltà ed è uno dei pochi al mondo che può farlo.

Ebbene, noi siamo come quest'uomo Gasparini, un uomo dall'aspetto quasi normale, sembra molto forte, ma non è un mostro, è addirittura un ragazzo attraente, un ragazzo normale che è diventato più muscoloso, un ragazzo che sa flirtare perfettamente, un ragazzo che sembra quasi un uomo normale ma che è in grado di tenere testa al numero uno del mondo e che normalmente batte tutti gli altri.

Siamo come quest'uomo, nel senso che non siamo i più alti, non siamo i più belli, non siamo i più forti, non siamo i più intelligenti, non siamo i più attraenti, non siamo i più sicuri di noi stessi, non siamo i più divertenti da frequentare. Non siamo i migliori in niente, ma abbiamo una combinazione di qualità che ci rende super competitivi e, senza essere i migliori in niente, nemmeno nella dedizione che questo gioco richiede, battiamo praticamente tutti; questo è essere un sex driver. Un uomo dall'aspetto normale, forte in tutti i settori, ma che non è il migliore in nessuno di essi e che batte tutti quasi sempre. I seduttori fanno di più con meno, noi andiamo molto, molto più in alto di quanto possiate immaginare.

Applichiamo alla seduzione una forza che può essere paragonata a una pressa idraulica. Una forza che non cessa mai. Una forza sempre crescente che schiaccia completamente la resistenza delle ragazze.

# Gioco truccato.

Spesso le ragazze interagiscono con noi, ma non lo fanno perché sono attratte da noi, bensì per qualche interesse nascosto. Spesso questo interesse può essere quello di ottenere un profitto, come ad esempio un invito per un drink o una birra. Il più delle volte lo fanno per mettersi in mostra e far ingelosire gli altri che sono oggetto del loro interesse. Ho chiamato questo "gioco di prestigio".

Non appena vi accorgete dell'inganno, non lasciatelo continuare, ditegli che sapete cosa sta facendo, che vi sta usando, che non siete stupidi e che siete consapevoli dei suoi trucchi. Fatevi rispettare e non state al suo gioco. Non parlate di rimorchiare con lei e non cercate di rimorchiarla. Non assecondarla. Hanno tutto quello che vogliono quando lo vogliono, ne hanno anche in abbondanza, non aggiungere il loro ego, identifica il loro gioco di prestigio e fermalo alla radice.

Saprete che c'è un gioco in corso quando lei è con voi ma guarda costantemente qualcun altro, o se mantiene un atteggiamento freddo e distante, più preoccupata di essere vista con un ragazzo attraente come voi, che di quello che state dicendo o di quello che sta succedendo tra voi due. Queste sono astuzie femminili che ovviamente non dobbiamo tollerare.

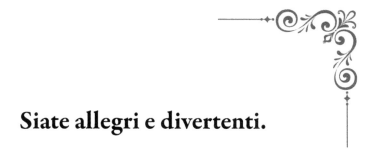

## Siate allegri e divertenti.

Fare festa dovrebbe essere la vostra religione. Approfittate di ogni occasione per uscire, anche i giorni in cui non c'è molta atmosfera sono adatti per divertirsi perché è più facile stabilire un contatto. La festa è vita.
Dobbiamo bandire completamente l'apatia, la noia e la monotonia dalla nostra personalità. Dobbiamo essere veri fan della fiesta e portare la nostra fiesta ovunque andiamo. Ovunque andiamo lasciamo il nostro segno, possiamo cantare per strada, fischiare, salutare persone che non conosciamo, mostrando al mondo che siamo felici e che tutto va alla grande.
Lo stato naturale del guidatore sessuale è l'euforia. Euforia perché hai la vita che vuoi avere, perché fai quello che ti piace, perché godi immensamente di quello che fai, perché hai enormi benefici derivanti da questo stile di vita, come belle ragazze che baci, belle ragazze con cui vai a letto, gioie, baci d'amore ecc. Ciò che vi piace di più della vostra vita è la gioia, la gioia di essere così, la gioia di divertirvi uscendo e facendo festa più spesso del dovuto.
Rilevano questa gioia e la amano perché la vita delle persone è piuttosto noiosa e monotona. Se li fate ridere, li mettete in allegria e si divertono con voi, raccontate loro storie divertenti, siete disinibiti e divertenti, vorranno stare con voi, perché a tutti piace divertirsi. Anche gli amici che sono entusiasti della vostra personalità travolgente vorranno venire con voi. Mettete la vostra musica ad alto volume e vivete ogni giorno come una fottuta festa. Lasciate che gli altri siano

preoccupati e sopraffatti, questo non fa per voi, sempre ottimisti, sempre attivi, sempre con nuovi eccitanti progetti. Portate il vostro contributo, che è gioia e divertimento. La gioia e il divertimento sono la tua religione e li pratichi costantemente.

Niente più paure, niente più insicurezze, niente più quello che dirà la gente! Fai quello che vuoi quando vuoi, ridi a squarciagola, fischietta, canta e balla per strada, goditi la tua festa, niente può portarti via la tua festa, la tua festa è nella tua mente.

# Gli ultimi uomini che seducono alla fine dei giorni, ancora una volta.

Sì, c'è stato un angelo sessuomane che non è più un sessuomane e diventa un sessuomane. Qui e ora sto scrivendo questo libro per voi, sono stato un angelo che ha vissuto infinite avventure, ha decodificato le donne in ogni modo e ha fatto tutto ciò che si poteva immaginare. Ho scritto tutto in tutti i libri.

*Tutto è stato detto, tutto è stato scritto, tutto è stato fatto.*

Tutto quello che dovete fare è leggere tutti i libri sopra citati e allenarvi a essere la versione eccellente di voi stessi per conquistare il mercato. Poi godetevi la meraviglia di essere un sexductor che riesce a rimorchiare più ragazze di quante ne possa gestire.

A poco a poco salirete di livello e arriverete in cima, cadrete e vi rialzerete, e vi rialzerete ancora, e così via,

Alla fine, se avete veramente rinunciato alle convenzioni in misura maggiore o minore, vivrete una vita fantastica godendovi le ragazze per tutta la vita. Se volete, potete trovare una ragazza quando volete, fare quello che volete, tornando sempre al mercato per godere delle vostre enormi capacità.

Come ex angelo sterminatore di sesso, dico di non voler essere un angelo sterminatore di sesso, di essere nel gioco e di godersela totalmente.

Le migliori avventure devono ancora arrivare.

Le donne migliori non sono ancora arrivate.

La massima potenza non è ancora stata raggiunta.

Siamo sempre in fase di costruzione e il nostro lavoro non è mai finito, ma siamo quasi sempre competitivi, tranne nei momenti di crisi e di pausa dalla frenesia.

Il nostro ambiente naturale è il pub e la discoteca, dove si flirta.

Siamo gli ultimi uomini che seducono alla fine dei giorni, e dopo la fine dei giorni che passano le pandemie e la merda, gli ultimi uomini stanno ancora seducendo dopo la fine dei giorni come sopravvissuti a tutto.

Siamo qui e non ci fermeremo mai.

Rimanete sintonizzati perché il mio prossimo libro "The Detector" vi darà le chiavi per interpretare visivamente il loro linguaggio del corpo.

*Tutto è stato detto, tutto è stato scritto, tutto è stato fatto.* Non è mai tutto detto e fatto, la produzione deve andare avanti, lo spettacolo deve andare avanti.

Continuerò a fare libri finché vedrò qualcosa che posso migliorare. La produzione in questo campo è stata mostruosa e ora passerò un po' di tempo a fare ciò che amo di più, la vera produzione, il vero me. Sono stati tre anni in cui ho scritto molto, tempo di giocare, tempo di giocare, tempo di giocare, tempo di ....

Seducete le belle ragazze!

Giochiamo!

Did you love *L'angelo sexterminatore*? Then you should read *Il Fallimento Dell'amore.*[1] by John Danen!

L'amore fallisce, le relazioni si rompono. A volte il tormento peggiore è che queste relazioni disfunzionali non si spezzano e si vive all'inferno. È di questo che parla il libro: di come una relazione tossica vi danneggi e di come uscirne.

---

1. https://books2read.com/u/md19EO
2. https://books2read.com/u/md19EO

# Also by John Danen

Seduction 5.0
S.A.X.
Chicas complicadas
Seducción 5.0
Guía para la vida.
El libro del tonto
Macho Alpha
Macho alpha extracto
La seducción después de la pandemia
Terriblemente atractivo
Seducción 5.1
Sedução 5.1
How to be Cool and Attractive
Sedução. Avançada. X.
Garotas complicadas
¡Basta de ser buen chico! Sé un chico malo.
El método JD. El método de seducción de John Danen
El arte de agradarte a ti mismo
¡Basta ya de abusos! ¡Defiéndete!
Enought with the abuse! Defend yourself!
Máster en seducción
Las mujeres. El amor. Y el sexo.
Supera la dependencia emocional
Atrae mujeres con masculinidad
JD Absoluta seducción

El fracaso del amor
Entender a las mujeres
La vida del seductor sinvergüenza y encantador.
El arte de la dureza
Terrivelmente atraente
Deixe de ser um bom da fita! Seja um mauzão.
Superar a dependência emocional
A arte de se agradar
Pare o abuso! Defenda-se!
O fracasso do amor.
O método JD
Don´t Be a Good Boy! Be a Badass
Complicated girls
The Art of Pleasing Yourself
Duro y Sinvergüenza
Mestre en sedução
JD Method
The Failure of Love. The Trap of Serious Relationships
Master in Seduction
A. S. X. Advanced. Seduction. X
Women. Love. Sex
How to Become a Real Man. Be an Alpha Male
Attract Women with Masculinity
JD Absolut Seductión
Understanding Women
The Life of the Shameless and Charming Seducer.
The Art of Toughness
Tough and Shameless
Überwindung der Emotionalen Abhängigkeit
Maître en séduction
Schrecklich Attraktiv
Surmonter la Dépendance Émotionnelle
L'art de la dureté

Die Kunst der Zähigkeit
Hör auf, ein guter Junge zu sein, sei ein böser Junge
Assez D'être un Bon Garçon ! Sois un Mauvais Garçon.
Die Kunst, sich Selbst zu Gefallen
Dur et sans Vergogne
Hart im Nehmen und Schamlos
L'art de se Plaire à soi-Même
Das Scheitern der Liebe
L'échec de L'amour.
Meister der Verführung
Die JD-Methode
Maestro di Seduzione
Terriblement Attrayant
La Méthode JD
Capire le donne
Compreendendo as Mulheres
Comprendre les Femmes
Die Frauen Verstehen
Les Filles Compliquées
Komplizierte Mädchen
JD Séduction Absolue
La Vie du Séducteur Charmant et sans Vergogne
Les Femmes. L'amour. Et le Sexe.
Mâle Alpha
S.A.X.
V.F.X.
Donne. Amore. E il sesso.
Ragazze Complicate
Superare la Dipendenza Emotiva
Seduzione. Avanzata. X.
Dark Seducción
Il Fallimento Dell'amore.
Il Metodo JD

Alphamännchen
Atrair Mulheres com Masculinidade
Attirare le donne con la Mascolinità
Attirer les Femmes par la Masculinité
Mit Männlichkeit Frauen Anziehen
Frauen. Liebe. Und Sex.
L'arte di Piacere a se Stessi
Mulheres. Amor. E Sexo.
JD Seduzione Assoluta
JD Absolute Verführung
JD Sedução Absoluta
Das Leben des charmanten, schamlosen Verführers
Smettila di Fare il Bravo Ragazzo! Essere un Cattivo Ragazzo.
La Vita del Seduttore Affascinante e Spudorato
A Vida do Sedutor Encantador e sem Vergonha
Macho Alfa
Uomo Alfa
Séduction 5.0
Verführung 5.0
Seduzione 5.0
Duro e Senza Vergogna
Duro e Sem Vergonha
L'arte della Durezza
A Arte da Dureza
The Fool's Book
Das Buch der Dummköpfe
Il Libro dei Pazzi
O Livro do Tolo
Dark Seduction
Dunkle Verführung
Sedução Escura
Dark Seduction
Seduzione Oscura

Le livre du fou
Como materializar lo que deseas con el fxxxxxx power
Como materializar o que você quer com o Fxxxxxx Power
El ángel Sex-terminador
El seductor vampiro
O Vampiro Sedutor
Sex-Terminating Angel
The Vampire Seducer
How to Materialize What You Want With The Fxxxxxx Power
El camino del maestro
Il vampiro seduttore
O camiño do mestre
La via del maestro
Der verführerische Vampir
Le sedusant vampire
Der Weg des Meisters
La voie du maître de la séduction
Master's Path
Come materializzare ciò che si desidera con il Fxxxxxx Power
Wie Sie Ihre Wünsche verwirklichen können mit dem Fxxxxxx Power
El método EDP
O método EDP
The E.D.P. Method
Comment matérialiser ce que vous désirez avec le Fxxxxxx power
El hombre invencible
The EDP Method
O Homem Invencivel
l´Homme Invincible
l´Uomo Invincible
Der unbesiegbare Mann
Invincible Man
O Anjo Sex-Exterminador
La Méthode EDD

L'ange Sex-exterminateur
El detector
Mastermind JD
Der sex-vernichtende engel
L'ange sex-terminateur
L'angelo sexterminatore

## About the Author

**Español.**

Soy un hombre vividor y divertido que busca el lado bueno de las cosas siempre.

Mi experiencia es el campo de las relaciones personales y de la seducción. Por eso tras dedicarme larguísimas décadas a ello, quiero trasmitir mis conocimientos. Para que las nuevas generaciones tengan unos conceptos que les den una ventaja competitiva sostenible y poderosa en el campo del amor.

Quiero ayudarte a a conseguir tus metas.

**Portugués.**

Sou um homem animado, e divertido, que sempre procura o lado bom das coisas.

Minha experiência está no campo das relações pessoais e da sedução. É por isso que, após décadas de dedicação a ela, quero transmitir meu conhecimento.

Quero ajudá-los a alcançar seus objetivos.

**Inglés**

I am a lively and fun man, who always looks for the good side of things.

My experience is in the field of personal relationships and seduction. That is why, after decades of dedicating myself to it, I want to pass on my knowledge. So that the new generations have concepts that give them a sustainable and powerful competitive advantage in the field of love.

I want to help you achieve your goals

**Français** Je suis un homme vif et drôle qui cherche toujours le bon côté des choses.

Mon expérience se situe dans le domaine des relations personnelles et de la séduction. C'est pourquoi, après m'y être consacré pendant des décennies, je veux transmettre mes connaissances. Pour que les nouvelles générations disposent de concepts qui leur donnent un avantage concurrentiel durable et puissant dans le domaine de l'amour.

Je veux vous aider à atteindre vos objectifs.